선생님, 나도 업어 주세요

선생님, 나도 업어 주세요

샘물 같은 선생님과
별 같은 아이들이 만드는
교실 이야기

김영주 지음

Humanist

강물처럼 바다처럼

산다는 게 무엇일까?
가까웠던 사람이 바람처럼 스쳐 간다.
저학년을 맡게 된 일도 바람처럼 내게 다가왔다.
난 그저 받아들일 뿐이다.
올해는 내 몇 가지 생각과 프로그램으로 각을 주지 않으리라.
그냥 아이들 속에, 큰 나 속에 머물러 있으리라.
가르치는 일은 가르친다고 되는 것이 아니다.
하려고 하지 않아도 그 웃음 속에, 큰 나 속에 머무르면
할 일은 저절로 나에게 바람처럼 강물처럼 오리라.

강물이 아무런 모양이 없어도 모든 모양을 받아안고 끊임없이 낮은 곳으로 흘러 끝내 바다와 함께하듯이, 나도 낮은 곳으로 가고 싶다. 초등학교에서 가장 낮은 학년을 맡게 된 것도 어찌 보면 행복이다. 이미 커버린 어른이 저학년 아이들과 함께 살아가려면 강물보다 더 낮아져야 하리라. 내가 가진 것들을 하나씩 버리는 연습을 해야 하리라. 그리하여 텅 빈 마음이 되면 그 마음속에 아이들이 하나씩 채워질 것이다.

발령이 나고부터 공책이나 작은 수첩에 아이들과 지낸 일, 살며 마주치는 힘든 일을 가끔씩 적곤 했습니다. 그러다 2001년부터 《우리교육》 누리집에 '김영주 샘 학급 경영 일기'라는 제목으로 글을 올렸습니다. 1, 2학년을 맡고 있을 때였습니다.

1학기의 일기 내용은 2002년 남한산초등학교 1학년 꽃마을 아이들과 지내면서 있었던 일들이고, 2학기의 일기 내용은 2003년 남양주금곡초등학교 2학년 백합반 아이들과 지낸 일입니다. 남한산초등학교는 6학급에 전교생이 120명가량인 작은 학교입니다. 남양주금곡초등학교는 43학급에 전교생이 2500명 정도인 대규모 학교입니다. 꽃마을 아이들은 한 반 학생이 20여 명이었고, 백합반 아이들은 43명이었습니다.

여러모로 다른 상황이었지만 아이들과 만나는 나의 삶은 변함없이 행복했습니다. 꽃마을 아이들과 교과 통합 수업을 하며 즐겁게 한 학기를 보낸 시간이 무척 좋았습니다. 백합반 아이들과는 마음을 나누며 전래 동요와 시를 함께 공부했던 시간이 행복한 추억으로 남아 있습니다. 이 책은 꽃처럼, 바람처럼 다가온 아이들과 지낸 이야기입니다.

김영주

차례

여름

6월 바빠지면 전체를 강조한다

7·8월 사람 냄새 나는 그곳에 또 가고 싶다

가을

9월 즐 추 보 다 월 봐!

10월 그냥 넘겨

11월 내가 찾은 보물

겨울

12월 난 아이들의 자발성을 믿는다

봄

꽃이 아니어도 좋아라

3월 5일(화) 꽃이 아니어도 좋아라

어저께 첫날 공부를 했다. 아이들을 처음 보았을 때는 아주 예쁘게 생긴 인형들이 작은 교실에서 놀이를 하고 있는 것 같다는 느낌을 받았다. 그만큼 멀게 느껴졌다. 덩치가 커 버린 어른은 이해 못할 공간에 있었다. 어떻게 다가서야 할지 잘 몰랐다. 그냥 신발 놓는 법, 인사하는 법을 알려 주고, 학교를 돌아다니며 공간을 설명해 주는 일과 하교할 때 버스 태워 주는 일 등을 했다. 딱딱한 의자에 앉아서 네 시간이나 있다 급식을 먹고 집에 가는 아이들이 힘들어 보였다. 어떻게 즐겁게 보낼 수 있을까? 오늘은 나름대로 준비를 해 보았다. 세 시간 동안의 생활 적응 수업을 놀이나 노래, 표현(글 감상하고 그림으로 자기 생활 표현하기)으로 꾸몄다. 1학년 수업은 주로 생활 적응 활동인데 낱낱이 말해 주기와 몸으로 해 보기가 필요하다. 세 시간을 모두 생활 적응 활동으로 보내기에는 너무 지루하다.

아침 시간에는 《어린이문학》에서 박문희 선생님이 소개한 마주 이야기 글과 그림(유치원 어린이가 그린 그림과 대화 내용을 적은 글)을 복사해서 주고 함께 감상했다. 또 어저께 있었던 일 가운데 하나를 그림으로 표현하기도 했다. 다 그린 뒤에 한 명씩 나와 그림을 설명했다. 다음으로 아이들을 카펫에 모아 놓고 권정생 선생님의 〈황소 아저씨〉를 읽어 주었다. 세 명 빼 놓고는 모두 열심히 들었다. 중간 놀이 끝나고 다모임에 참가했다. 1학년답지 않게 두 명이 손을 들고 발표했다. 길 건너는 방법을 설명할 때 자기 의견을 발표했다. 또 한 아이는 일어나서 배가 고프다는 의견도 냈다. 참 귀여운 아이들이다.

교실에 돌아와서 어제께 공부한 인사하기와 신발 제자리에 놓기를 다시 되풀이해서 연습했다. 마지막으로 〈안녕 하고 짝 짝 짝〉이란 노래를 율동과 함께 가르쳐 주었다. “엉덩이 부딪치고 짝 짝 짝” 할 때와 “돌아돌아 돌아돌아 짝 짝 짝” 할 때를 가장 좋아했다. 점심시간에는 내 별명 맞추기도 해 보았다. 대머리까지는 나왔어도 ‘빛나리’라는 별명을 맞추지는 못했다. 마지막에 너무 궁금해 해서 가르쳐 주었더니 막 웃었다. 집에 돌아갈 때 아이들이 나를 어제보다 훨씬 가까이 느끼는 듯해서 기분이 좋았다.

우리 아이들은 모두 활짝 핀 꽃들이다. 반 이름도 꽃마을이다. 나만 어른이고 사람인 것 같다. 하지만 꽃이 아니면 어떠랴! 꽃을 보고 가꾸고 배우는 즐거움만으로도 행복하지 않겠는가?

3월 8일(금) 자연이 준 선물, 눈썰매장

아이들은 한 시간 정도 지나면 너무 힘들어 한다. 급식 때문에 열 시부터 시작하여 2, 3, 4교시 세 시간 수업을 하고 있지만 아이들은 아홉 시가 되면 거의 다 온다. 아침에 선 긋기 활동을 한 시간 정도 하면 몸을 움직이고 싶어 한다. 그래서 어제도 운동장에 나가 달리기를 했다. 하루 네 시간 가운데 노래와 율동 영역을 넣었는데 야외에서 할 수 있는 신체 활동(놀이)이 들어가야겠다.

달리기를 하고 와서 다시 동화 〈곰〉을 들려주었다. 카펫에 모아 놓고 이야기를 들려주는데 너무 좋아했다. 2학년과 또 다른 반응이었다. 곰이 문 뒤에 숨어서 보는 것도 모르고 아버지와 틸리가 대화하는 장면이나 곰이 음식을 먹는 모습을 무척이나 좋아했다. 오늘은 〈도깨비를 빨아 버린 우리 엄마〉를 들려주려고 도서관에서 골라 왔다.

지금은 중간 놀이 시간이다. 바로 전에 30분 정도 뒷산에 올라갔다. 특이한 것은 내 손을 유난히 많이 잡으며 산을 잘 오르지 못하는 아이들을 도와주어야 했던 일이다. 성곽까지 올라가니 음지에 자연 눈썰매장이 있었다. 아이들은 벌써 엉덩이를 대고 타고 내려왔다. 다른 아이들도 금세 함께 미끄러져 내려왔다. 난 급하게 내려오는 아이들을 잡아 주고 있었다. 작년 3월에 연무관에서 눈썰매 타던 생각이 났다. 오늘도 그때처럼 엉덩이가 젖을까 봐 함께 타지 못했다. 내일은 아예 체육복으로 갈아입고 올라가 볼 생각이다. 나도 타고 싶으니까.

우리 학교에는 놀 공간이 많다. 놀이터, 뒷산 놀이터, 성곽 놀이터, 연무관, 블록 쌓기 공간, 운동장, 인라인 스케이트장, 도서관 등 다양한 장소에서 노는 체험을 할 수 있게 해 주어야겠다. 예쁘장하고 깔끔한 아이들도 놀이를 하다 보면 금방 노는 재미에 빠져든다. 하루 30분 정도는 몸을 움직이는 야외 활동을 할 생각이다.

글을 쓰고 있는데 이향이가 들어와서,

"선생님, 내가 만든 눈사람이다."

하며 아주 귀여운 눈사람을 보여 준다.

"귀엽지?"

"응!"

어저께는 유하가 진구(학교에서 기르는 개 이름) 등허리에 있던 무당벌레를 가져와서 아이들과 함께 보았다. 무당벌레와도, 진구와도 쉽게 친해지는 아이들이다. 움직임이 적은 조용한 활동과 움직임이 많은 활동을 함께 해 보자.

이제 3교시에는 눈썰매 탔던 내용으로 그림일기를 써 보도록 해야지.

3월 9일(토) 그림 속에 나타난 아이들 마음

오늘 아침, 그림일기를 보았다. 4일 정도 마주이야기 글과 그림을 함께 감상하고 그림 그리기를 했다. 그림일기를 어떻게 써야 하는지 공부한 셈이다. 어저께 산에 올라가 미끄럼 탄 그림이 많았다. 글을 아는 아이는 글도 썼다. 글을 모르는 아이는 그냥 그림만 그려 오면 된다. 그림을 보고 아이들과 이야기를 나누었다. 그냥 보아서는 별것 아닌 그림이지만 이야기를 나누어 보면 아이들 마음이 고스란히 담겨 있다.

나중에 어머님들을 만나면 마주이야기와 그림일기에 대해 이야기를 나누어야겠다. 그림일기는 지도의 대상이 아니라 아이들의 삶 이야기이다. 그림에 관해서 나눈 이야기를 그대로 기록해 주면 좋겠다.

나와 부모님은 아이들이 하루 생활을 즐겁고 자유롭게 보내서 할 말이 많아지도록 해 주어야 한다. 힘들면 힘든 대로 즐거웠으면 즐거운 대로 아이들 마음을 읽어 주면 좋겠다.

오늘은 선 긋기를 하면서 자, 크레파스와 가위, 풀, 테이프를 사용하는 법을 배운다. 모양대로 선을 긋고 색을 칠하고 가위로 오려서 풀로 붙인다. 시간이 남은 어린이는 자기 물건에 이름을 써서 테이프로 붙인다.

선 긋기가 끝나면 뒷산에 올라가 어제에 이어 동네도 돌아보고 미끄럼도 더 타 볼 생각이다. 오늘은 체육복을 준비해 왔으니 나도 함께 타야지.

참, 어저께 동화 들려주기를 할 때 민식이가 친구들과 자꾸 떠들어서 뒤에 가서 잠깐 서 있으라고 했다. 민식이는 개구쟁이처럼 웃으면서 그냥 앉아 있었다. 나도 그냥 넘어갔다. 궁금해서 오늘 아침에 민식이에게 물어보았다. 어저께 나가지 않은 까닭이 뭘까? 말을 못 알아들어서일까? 혼자 서 있기 싫어서? 결론은 그냥 나가기 싫어서란다. 그렇다. 난 나대로 전체 어린이에게 이야기를 들려주는 데 방해가 되어 이야기를 했다면 민식이는 민식이대로 까닭이 있었다. 뭔가를 진행할 때 관심을 보이지 않는 아이들은 어떻게 해야 할까 늘 고민이다. 그냥 두면 전체에 방해되는 경우가 많고, 그렇다면 혼자 할 수 있는 일을 찾도록 도와주어야 하는데 그게 그리 쉽지 않다. 일단 민식이 마음을 그대로 보아주고 나는 나대로 내 마음을 진실하게 민식이에게 전달하는 공간에 머무르면 된다. 살짝 따로 불러 이야기하는 것이 나을까?

오후에 한 부모님과 이야기를 나누었다. 아이가 아침에 "엄마,

안녕!" 하고 인사를 했었는데 이젠 "잘 다녀오겠습니다."라고 인사하게 한다고 하셨다. "안녕!"이라고 하면, 왠지 돌아오지 않을 것 같다고, 다녀온다는 말이 맞다고 하셨다. 최근에 스쿨버스가 없어진 후로 저학년 부모님들이 아이들을 학교에 보낼 때 느끼는 마음이었다. 나도 수업이 끝나면 아이들을 버스에 태워 주며 비슷한 마음을 갖는다. 이런 마음들을 서로 잘 읽어 주는 것이 중요하다. 마음이 아팠다. 아이들 그림 이야기를 잘 들어 보면 아이들 삶이 보이듯이 우리네 삶도 그러했으면 좋겠다.

3월 13일(수) 난 늘 많이 하려 한다

아침에 학교에 오면 오늘 공부할 내용들을 생각해 본다. 네 시간짜리 계획을 잡아 놓으면 보통 두 시간 분량 정도밖에 진행하지 못한다. 못한 내용은 다음 날로 밀리곤 한다. 그전 같았으면 서둘러서 계획한 공부를 다 했을 것이다.

오늘도 계획은 선 디자인 40분, 산책 20분, 동화 〈강아지똥〉 읽어 주기, 그림일기 감상하고 쓰기 40분, 블록 쌓기 30분, 복도에서 조용히 걷기 20분, 태몽 발표하기 10분이었다. 실제로는 선 디자인, 산책(어제도 시간이 없어 못했더니 아이들이 산책 왜 안 하느냐고 난리였다.), 블록 쌓기, 그림일기만 진행했다. 태몽 발표하기와 동화 들려주기는 내일로 미루었다. 많이 하는 것보다 아이들 속도를 보며 차근

차근 해 나가야 한다. 많이 가르친다고 많이 배우는 것은 아니다.

오늘 산책하러 올라갔을 때 나뭇가지, 풀잎, 열매, 나뭇잎 등 특이한 자연물을 주워 꾸미기를 했다. 자유롭게 뛰던 아이들이 혼자, 때론 두세 명씩 모여 아주 예쁜 모양들을 만들어 나갔다. 바닥에 털썩 주저앉아 굉장히 집중하고 있었다. 너무 귀여웠다. 바지에 흙이 묻어도, 손이 가시에 찔려도 아이들은 즐거운 공간에 머물러 행복해 했다. 자연물 가운데 한 가지 정도는 교실로 가져가자고 했다. 백두산 모양의 썩은 나무, 갖가지 나뭇잎, 쑥, 떨어진 열매 등을 보물처럼 들고 내려왔다.

교실로 돌아와서 다른 친구들이 쓴 일기를 감상하고 뒷산에서 있었던 일을 바탕으로 그림을 그리도록 했다. 다 그린 다음 나에게 이야기를 해 달라고 했다. 아이들 그림이 그전보다 훨씬 좋아졌다. 자기가 가져온 보물을 그대로 그린 아이도 있었다. 난 아이들 이야기를 듣고 그대로 그림 옆에 받아 적어 놓았다.

내가 계획한 내용과 아이들이 하고 싶은 내용을 잘 버무리면 좋을 듯하다. 왜냐하면 아이들은 하고 싶은 것들을 나중에 이어서 배우고 싶어 하는 경우가 많기 때문이다. 때론 행복하게 배우는 시간을 그대로 늘려 줄 필요도 있다. 내 계획에 너무 집착하지 말아야 한다. 내 계획은 언제나 변할 수 있으며 버릴 수도 있다.

참, 오늘 뒷산에 공부하러 올라가다 맨 꼴찌로 오던 소영이와 유하가 보이지 않아서 고생을 했다. 올라온 아이들에게 공부를 시켜 놓고 다시 중간까지 내려와 아무리 불러도 대답이 없었다. 올라온 아이들을 놓고 완전히 내려갈 수도 없고, 그렇다고 올라오지 않은 아이들을 안 찾을 수도 없고. 분명히 끝에 쫓아오는 것을 확인하며 올라갔는데 도착해서 기다려도 오질 않았다. 할 수 없이 학교에 있는 다른 선생님에게 교실에 있나 물어봤더니 뒷산 놀이터에 있다고 했다. 30분 정도 공부하고 내려와 보니 유하와 소영이는 나무 위에 새집을 만들어 준다고 애를 쓰고 있었다. 교실에서는 두 명 다 나무 위에 새집 만드는 그림을 그려 놓았다. 좇아오다 앞선 아이들이 보이지 않자 다시 돌아 내려갔다고 했다.

아무튼 난 아직도 아이들 속도에 제대로 맞추지 못하고 있다. 제일 빠른 아이부터 늦은 아이까지 적절하게 맞춰 줄 수 있을까?

3월 14일(목) 여럿이 아니라 혼자다

12년 동안 모둠 활동을 시켜 왔다. 말 그대로 내가 기획하고 내가 시켰을지도 모른다. 공동체 생활로 서로 아끼고 사랑하는 마음을 길러 준다는 것이 목표였다. 하나 실제로는 내 마음이 강해서 그렇게 되었는지 모르겠다. 더 바탕으로 가 보면 다인수 학급에서 아이들을 효율적으로 관리하고 운영하려는 생각이 있었다.

우리 반 아이들도 다섯 명씩 모둠을 나누어 10일 정도 생활을 했다. 문제는 생활 그 자체가 아니라 내가 자꾸 아이들을 모둠으로 묶어서 생활하도록 이끄는 데 있었다. 이를 제일 심각하게 느낀 것은 급식할 때였다. 보통 나는 급식 시간이 되면 먼저 주변을 정리하고 끝난 모둠부터 밥을 먹도록 하였다. 나는 아이들에게 또 하나의 경쟁심을 가르치고 있었다. 자기 주변을 스스로 알아서 정리하였으면 밥을 먹는 순서는 아이들 스스로 결정할 문제이지 내가 통제할 상황이 아니다. 발표할 때도, 줄 서는 문제도 모둠으로 하면 나는 편하긴 하지만 아이들 한 명 한 명의 생각과 느낌은 내 생각 속에 묶이게 된다.

아침에 와서 다섯 명이 모여 앉게 하던 것을 바꾸어 앞을 보고 앉도록 했다. 아이들을 두세 명씩 묶어서 보지 않아야겠다. 저마다 가진 빛깔들을 읽어 주어야겠다. 이것이 잘 되면 저절로 모둠도 만들어질 것이다. 때론 혼자, 때론 두 명, 때론 여러 명으로 상황에 따라 아이들 스스로 자유롭게 결정할 것이다. 이러할 때, 내가 모둠 활동을 통해 가르치려고 했던 공동체 정신이나 사랑, 이타심도 저절로 배울 것이다.

이제부터는 모둠이 아니라 한 사람을 보아야겠다. 모두 다른 빛깔이라는 아주 단순한 개념에서 시작해야겠다. 교실 뒤 환경 꾸미기도 스무 칸을 나누어 모든 아이들 작품을 그대로 붙여 볼 작정이다.

여럿이 아니라 혼자다.

3월 15일(금) 아이들에게 먼저 배워야

아이들 이야기를 듣다 보면 내가 선생이 아니라 꼭 배우는 학생 같다. 마치 아이들이 선생님 같다. 아이들 이야기를 잘 들어야 제대로 가르칠 수 있다. 아이들의 상황을 모르면 제대로 물길을 터 줄 수 없다.

뒷산에 개나리 싹들이 노랗게 올라왔다. 난처럼 생긴 들풀이 파릇파릇 올라왔다. 바람이 불자 바람이 부는 대로 몸을 움직인다. 때론 바람이, 때론 땅속의 뿌리가, 때론 햇빛이 온갖 싹들을 움트게 한다. 바람에 흔들리는 들풀을 보니 하나도 같은 모양, 같은 색깔이 없다. 모두 저마다 다르다.

우리 아이들도 두루 살펴보면 저마다 참 다르다. 그냥 보면 잘 모르지만 잘 들어 보고 지켜보면 너무 다르다. 같은 아이는 하나도 없다. 그래서 먼저 배워야 제대로 보고, 말을 해 주고, 길을 잡아줄 수 있다.

말이 없고 단순한 그림만 그리던 윤식이가 오늘 그림일기를 너무 잘 해 왔다. 그냥 보기에도 지난번 그림과 아주 맛이 달랐다. 훨씬 자신 있고 대담하게 그림을 그렸다. 들어간 내용도 다양했다. 구덩이가 있고, 구덩이 속에 연필과 물건들이 그려져 있다. 삽도 들고 있다. 아래에는 어머님이 윤식이 이야기를 듣고 쓴 내용이 있다. 윤식이를 불러 그림 이야기를 들려 달라고 했다. 너무 재미있었다. 어제까지는 물어보면 "그냥 그렸어요." 이렇게 단순하게 답하던 아이가 묻는 말에 잘 대답했다. 나도 재미있어서 계속 질문하며 받아 적었다. 경환이하고 뒷산에서 구덩이를 팠는데 여러 물건이 나왔다는 내용이다. 이야기를 끝내고 들어갔던 윤식이가 잠시 뒤 다시 나왔다. 말 못했던 내용을 덧붙이러 나온 것이다. 구덩이 안에 연필도 있었다고 말했다. 거의 말을 않던 윤식이가 스스로 나와서 말을 해 주고 가는 모습이 너무 좋았다. 듣는 나도 참 행복했다. 1학년 아이가 스스로 삽질을 하며 땅을 파는 모습은 그리 쉽게 보지 못한다. 윤식이와 경환이도 참 좋았나 보다. 그래서 할 말도 많았다. 경환이도 참 말이 없는 아이이다. 하지만 그림을 보면 대담하고 솔직하게 표현을 잘 한다. 난 학생처럼 아이들 삶을 들을 때 참 기쁘다.

어제 새로 신청한 박문희 선생님의 책이 오늘 왔다. 말하기, 듣기와 글쓰기 교육에 큰 도움을 주는 책이다. 아이들 속에 있다 보면 서로 다른 길에 있어도 결국 한길에서 만난다. 어린이 문학 연수 때 박문희 선생님을 처음 보았는데 나이도 많으신 분이 그렇게 표정이 맑고 깨끗할 수가 없었다. 이야기를 나누면서도 저 나이에 어떻게 저런 표정을 지을 수 있을까 참 궁금했다. 이번에 받은 책을 보며 그 이유를 알았다. 아이들 이야기를 그렇게 재미있게 들어 주고 묻는 삶 속에 있는 분이니 어찌 맑지 않을 수 있겠는가? 어찌 보면 당연한 일이다.

〈침 튀기지 마세요〉라는 글과 그림을 감상하고 나뭇잎으로 모양 꾸미기 했던 내용으로 우리도 그림을 그렸다. 그리고 아이들 이야기를 들었다. 아이들은 점점 이야기도 많아지고 내용도 겪은 대로 잘 표현한다. 한 대로, 말한 대로 쓰는 것이 국어의 기본이다.

그동안은 '들어 주려고' 노력을 했는데 오늘은 아이들 이야기를 들으며 내가 기쁘고 행복했다. 이야기 나누는 일 자체가 즐거웠다.

참고로 책을 소개한다.

《들어주자 들어주자》(박문희 지음, 지식산업사)

《침 튀기지 마세요》(박문희 엮음, 고슴도치)

《튀겨질 뻔했어요》(박문희 엮음, 고슴도치)

3월 18일(월) 한 번에 네 명을 안고 업다

수업이 끝나고 버스를 타고 내려가기 전에 교실 앞에서 놀고 있는 아이들을 보았다. 난 교실 난간에 앉아 있었다. 꽃마을 아이 한 명이 내 등에 와서 업혔다. 난 아무 생각 없이 가볍게 일어나 업어 주었다. 업기에도 가뿐했다.

옆에 있던 아이들이 자기도 업어 달라고 달려들었다. 주변에 있던 대여섯 명의 꽃마을 아이들이 한꺼번에 달려들었다. 유하, 이향이, 민진이, 민지, 성민이, 재완이, 영주 등이었다. 한 명씩 업다 한꺼번에 달려들길래 나중에는 양손에 한 명씩, 또 등 뒤에 엉켜서 두 명, 모두 네 명을 안고 업었다. 그래도 아이들이 어려서 안고 업을 수 있었다. 나중에 여러 명이 더 와서 한참 동안을 업어 주었다. 업다가 옆으로 엉켜 넘어지기도 했다. 힘들긴 했지만 내가 마치 천하장사가 된 것 같았다. 뭔진 모르지만 참으로 살가웠다.

"선생님, 나도 업어 주세요."

"선생님, 안경 좀 벗어 보세요."

"선생님, 저도요."

빈 교실 뒷문으로 아이들이 금방 뛰어 들어와 안길 것만 같다.

3월 20일(수) 산바람 꽃바람

세 시간 동안 아이들과 교실 뒤 게시판 꾸미기를 했다. 아침에 교무실에 가서 코팅기도 가져오고, 선이 될 수 있는 실, 색 철사, 색 테이프, 빨대 등을 모아 교실 앞에 늘어놓았다. 뒤 게시판에 분필로 칸을 나누어 그렸다. 열여덟 칸이 나와 앞 게시판에 모자란 두 칸을 더 만들었다. 처음에는 직선으로 똑같이 칸을 나누려다 자연에 가까운 곡선으로 나누었다. 이름도 컴퓨터로 내가 칠까 하다가 아이들이 직접 만드는 것이 나을 것 같아 종이 크기만 정해 주고 자유롭게 모양을 내서 만들도록 했다. 다 만든 아이 것은 바로 코팅을 했다. 그리고 나누어진 칸에 이름표를 붙여 주었다. 배, 구름, 별 따위의 다채로운 모양이 나왔다.

이름표를 끝낸 뒤, 앞에 있는 재료를 마음대로 골라 구분선을 만들었다. 빨대에 실을 넣어 만드느라 바닥에 앉아 한참을 집중하는 아이들도 있었다. 난 침핀과 철심박이로 고정을 시켜 주었다. 다 만들어 붙이고 나니 세 시간이 훌쩍 지났다. 긴 시간이었지만 아이들 스스로 정성을 들이는 모습이 좋았다. 다 붙이고 나서 교실을 둘러보니 미술가들의 작업실 같았다. 내 책상 위엔 가위, 자, 색지, 코팅지 자른 조각 등이 정신없이 놓여 있었다. 바닥엔 색 테이프 조각, 빨대 잘린 것, 이름표 만들 때 자르고 남은 종이들이 흩어져 있었고 사물함 위에는 자, 침핀, 수수깡 조각 등이 놓여 있었다. 참 오랜만에 나도 아이들 활동에만 집중했다.

아이들이 돌아간 뒤, 그동안 했던 선 디자인 자료를 개인별로 모으는 작업을 했다. 12단계까지 했으니 개인별로 모으면 열두

장이 된다. 마침 회의 때문에 이향이 어머니가 일찍 오셔서 분류하는 일을 도와주었다. 난 그사이 '산바람 꽃바람'이라는 큰 타이틀을 컴퓨터로 뽑아서 코팅하고 잘랐다. 우리 반이 꽃마을이며 아이들은 꽃과 같다. 난 바람이다. 그래서 꽃바람이다. 꽃바람은 자연의 산바람을 만나 사람과 자연이 어우러지는 무엇이 될 것이다. 산바람과 꽃바람이 만나 신바람이 났으면 좋겠다.

내일은 그동안 아이들이 쓴 마주이야기 자료를 개인별로 모아 붙여 주어야겠다. 아마 아이들도 게시판을 스스로 만든 만큼 훨씬 정이 갈 것이다. 퇴근할 때 바람이 심하게 불던데, 내일은 아이들과 남한산 바람을 타 보아야겠다.

3월 21일(목) 직선에서 곡선으로

며칠 만에 아이들과 함께 산에 올라갔다. 산길은 곡선이다. 아이들은 날마다 가는 길로 가지 않는다. 사람들이 다니지 않은 옆길로 빠져 새로운 길을 찾아 오른다. 그래서 아이들은 자연을 닮았다.

비 온 뒤 바람은 다른 때와 달랐다. 촉촉이 젖은 산길을 밟으며 다른 때보다 훨씬 맑고 시원한 바람을 맘껏 타고 올라갔다. 새싹들도 파릇파릇 올라오고 있었다. 성곽까지 가서 손가락으로 허공에 나무 그리기를 했다. 나도 한 그루 나무를 한참 바라보며 선을 따라 그려 보았다. 산도 그려 보려 했더니 안개가 끼어 흐릿했다.

자연은 하나하나가 너무도 다르다. 아니 저마다 자기 빛깔이 있다.

자연은 직선이 아니라 곡선이다. 아이들도 곡선이다. 서너 살짜리 아이들을 보면 금방 알 수 있다. 집에 갈 때 엄마를 쫓아가다가도 땅바닥에 새로운 것이 있으면 집에 가는 일은 금세 잊어버리고 새로 만난 상황에 폭 빠져든다. 어른과 도시는 직선에 가깝다. 직선은 따지고 보면 경제성의 논리, 편리함의 논리, 효율성의 논리다. 아이들 저마다 가진 곡선의 길을 함께 따라가 보는 일이 먼저다.

나 또한 정해진 직선이고 싶지 않다. 때로는 바람을 타고, 때로는 따스한 햇살 아래 그냥 앉아 있고 싶다. 앞으로 할 일 때문에 햇살, 구름, 하늘, 나무, 바람과 멀어지고 싶지 않다. 다가오는 모든 것에 맞서지 않고 맘껏 느끼면서 자연스럽게 가고 싶다.

교실에 돌아와서 곡선 그리기를 했다. B4 종이에 맘껏 선을 만들어 가도록 했다. 색연필로 그리다 선을 만나면 다른 색으로 이어 간다. 나중에 자기 작품에 제목도 붙였다. 곡선 그리기는 며칠 전 만난 바람이 나에게 전해 준 것이다. 마지막에는 칠판 전체를 도화지로 삼고 모든 아이들이 곡선 그리기를 했다. 한 아이가 이어 가다 끝나면 다음 아이가 또 이어 갔다. 근사한 추상화 같았다. 다 그린 다음 어떤 그림 같은지 발표해 보라고 했다.

미로, 공룡, 달팽이, 지도, 구름 등이 나왔다. 사실은 아이들이 스무 가지 정도를 말해서 칠판에 그대로 적어 놓았는데 아이들이 청소하다 칠판을 지워 그만 낱말을 잊어버렸다.

아침 자습 시간에 그동안 직선 그리기를 했는데, 앞으로는 곡선 그리기를 해 볼 생각이다. 오늘 아이들이 그린 곡선은 도화지와 칠판에 남아 있지만 사실 곡선은 아이들 삶 속에 늘 있다.

오늘 아이들은 어저께 게시판을 꾸미다 남은 실로 실뜨기를 하며 재미있게 놀았다. 급식 시간에 줄을 서 있던 영어 선생님도 재미있는지 아이들과 함께 실뜨기를 했다. 나도 해 보았다. 마치 어린 시절로 타임머신을 타고 빨려 드는 느낌이었다.

3월 26일(화) 완전히 실패한 날이구나!

오늘부터 한글을 가르치기 시작했다. 유치원용 한글 학습지들도 쭉 찾아보고, 나 나름대로 그동안 실천하고 만들었던 낱말 학습 프로그램도 되새겨 보았다. 우리 아이들은 90퍼센트 이상이 글을 읽고 쓴다. 나머지 아이들은 처음부터 가르쳐야 하고 또 아는 아이라 할지라도 다시 가르치긴 해야 한다.

내가 생각한 것은 아이들에게 몸으로 겪게 하기다. 체험 활동 가운데서 나온 중요한 낱말을 칠판에 써 주고 익히게 한 다음 자음과 모음으로 나누어 공부하는 방법이다. 좀 더 익히게 되면 작년처럼 연상되는 낱말 적기, 짧은 글 짓기, 상황 관찰하고 바로 적기, 시 쓰기, 문장 쓰기, 원고지 쓰기, 책 읽어 주기 등으로 넘어갈 생각이다.

그래서 오늘은 먼저 수변에서 볼 수 있는 생명체부터 시작했다. 나무를 체험하는 활동으로, 밖에 나가서 나무 한 그루를 정해 다음과 같은 활동을 했다.

1. 안아 보기
2. 손가락으로 허공에 모양 그리기
3. 나무껍질 주워서 탁본해 보기
4. 주운 나무껍질 종이에 붙이기
5. 손으로 만진 느낌 말하기

'나무'란 낱말을 적어 주고 'ㄴ ㅏ ㅁ ㅜ'를 읽고 써 보았다. 따라 하긴 하는데 체험과 잘 연관이 되지 않았다. 체험과 연관이 되지 않으면 앞에서 한 활동들이 아무 의미가 없어지고 끝내는 흥미 없는 글공부가 될 것이다.

또 글씨체를 적어 주어야 하는데 칠판에 써 주었더니 정확한 모양이 나오지 않았다. 열 칸짜리 공책은 텅 비어 있어 제대로 모양을 맞추기가 쉽지 않았다. 한 칸이 십자 점선으로 나누어진 원고지에 정확하게 예를 들어 주어야겠다.

3교시가 다모임 학습이라 수업이 끊긴 탓도 있지만 내가 생각한 내용이 별로 아이들과 맞지 않은 것이 더 큰 문제였다. 내일 할 공부를 다시 생각해야겠다. 먼저 원고지부터 만들어야 한다. 십자로 나누어진 원고지를 만들 수 있을까? 한글 프로그램에서 십자 점선을 그으면 글자가 들어가지 않을 것 같다. 컴퓨터 원고지는 칸이 십자로 나누어져 있지 않다. 무슨 좋은 방법이 없을까?

오늘은 생각한 대로 전혀 되지 않은 날이다. 말 그대로 보기 좋게 실패한 날이다. 어제 창고에서 찾아 교실 앞에 갖다 놓은 부직포와 칠판에 정신없이 이리저리 붙어 있는 한글 자음과 모음이 꼭 내 마음 상태 같다.

3월 27일(수) 아이들도 단절을 느꼈다

오늘 아침에 그림일기를 보았다. 어제께 공부한 나무 관찰과 글씨 공부 이야기가 많았다. 이야기를 나누다 보니 다모임 시간이 있어서 힘들었다고 했다. 시간이 모자라기도 하고 정리를 너무 빨리 하라고 해서 급했나 보다. 차분하게 진행되던 수업이 갑자기 빨라졌음을 아이들도 알고 있었다. 관찰이 진행되다 끊어지면서 나타나는 문제도 컸다는 생각이 들었고 아이들도 나처럼 비슷하게 느끼고 있는 것에 놀랐다.

오늘 한 시간은 선 디자인 15단계를 했다. 좀 어려울 듯해서 15단계를 빼고 16단계로 넘어갔더니 아이들이 왜 15단계는 하지 않냐고 물어서 좀 어려워서라고 대답해 주었다. 아이들은 어려운 것도 할 수 있다며 15단계를 하자고 했다. 그래서 선 디자인 15단계를 시작했는데 아이들은 좀 힘들어 하긴 했지만 자기들 말대로 잘 해냈다.

어제에 이어 글공부도 했다. 생각한 끝에 우선은 글씨 쓰기보다 삶과 글(표기) 사이의 관련성을 체험을 통해 느끼도록 해 주는데 목표를 두기로 했다. 어제께 나무를 배웠으니 오늘은 나무 종류 가운데 우리 학교에 있는 나무를 하나하나 관찰하고 그 낱말을 써 보기로 했다.

먼저 우리 학교 바로 옆 연무관에 있는 느티나무를 관찰했다. 410년 된 느티나무니 옆에 서면 위압감을 느낄 정도다. 느티나무뿐 아니라 우리 학교에 있는 나무 종류를 아이들에게 물어보고 나무 이름을 종이에 써서 내도록 했다. 아이들이 말한 나무를 하나씩 배워 나갈 것이다. 아이들이 써낸 나무 종류는 소나무(7명), 느티나무(5명), 주목나무(4명), 사과나무(2명), 은행나무(1명), 떡갈나무(1명)였다. 모두 여섯 종류다. 아이들이 써낸 나무 이름을 적어 놓고 한 종류는 관찰해야겠다.

느티나무로 갔다. 어제처럼 안아 보고, 그려 보고, 만져 보고, 나무껍질 탁본하고, 종이에 테이프로 껍질 붙이기를 했다. 한 가지 더 덧붙여 410년 된 느티나무 할아버지에게 이름 붙이기를 해 보라고 했다. 영주가 붙인 '꼬부랑 나무'와 민아가 붙인 '가지나무 할아버지'. 참 알맞게 붙였다는 생각을 했다. 수많은 가지들이 얽혀 있고 다른 나무의 가지들과 어우러져 만들어 낸 가지 숲은 하늘과 더불어 너무 아름다워 한참을 지켜 서서 보아야 한다.

아이들은 관찰하기 전에 먼저 나무에 오르고 싶어 했다. 아이들은 작년에 유치원 다닐 때, 밖으로 나온 뿌리 둥지 속에 들어가 엄마 놀이를 했다고 했다. 그러고는 금세 폭이 거의 6미터 정도 되는 나무에 안기고 기어오르고 있었다. 등을 대고 나무에 기대어 들어간 모습이 너무 인상적이었다. 레이먼드 브릭스의 동화 〈곰〉에서 여자아이가 곰 가슴에 안겨 있는 장면을 보았을 때 느껴지던 포근함, 따스함, 정다움을 그대로 느낄 수 있었다. 아이들도 그런 느낌으로 누워 있는 듯한 표정이었다.

근처에서 쑥을 뜯어 오는 아이들도 있었다. 느티나무 밑둥 그늘 쪽에는 솔이끼들이 자라고 있었다. 아주 오래 산 할아버지가 나와 아이들을 눈 하나 깜짝하지 않고 바라 보는 것 같다는 생각을 내내 했다.

교실에 돌아와서 칠판에 '느 티 나 무 ㄴ ㅡ ㅌ ㅣ'를 써 주고 공책에 써 보도록 했다. 여기서 느티나무란 오늘 연무관에서 보고 느낀, 바로 하나밖에 없는 느티나무라고 말했다. 느티나무 하면 떠오르는 말을 집에서 적어 오라고 과제를 내줬다. 오늘 숙제 한 것을 보니 어저께 '나무 체험 활동'을 하면서 있었던 일을 연상한 아이들이 많았다. 나무에 관한 책을 사서 보아야겠다. 난 나무를 잘 모른다. 아침에도 서길원 선생님에게 대강 물어보았다. 내일은 우리 학교 나무인 주목나무를 소재로 공부를 해야겠다.

3월 29일(금) 비유의 삶

《성경》, 《도덕경》, 《노자》, 《불경》 같은 고전에 나타난 비유의 말씀을 요즘 조금이나마 이해하게 되었다. 나의 삶은 보이는 것들에서 보이지 않는 것들을 찾아가는 과정이란 생각도 든다. 그래서 요즘은 사는 것이 마치 꿈만 같다.

또 확신했던 일들이 전혀 다르게 펼쳐질 때 오는 낭패감도 많이 체험한다. 아무 생각 없이 갔는데 전혀 다른 곳에 다다르는 경우도 많다. 오늘 아침에도 아무 생각 없이 지하 주차장으로 갔다. 차를 아무리 찾아도 없어서 다시 생각해 보니 지상에 주차되어 있었다. 그전 같으면 어느 정도 짜증이 났을 것이다. 하나 요즘은 하도 이런 일이 많으니 그저 받아들일 뿐이다.

어제 아이들과 나무껍질을 주워서 돋보기로 결들을 관찰하고 도화지에 곡선을 찾아 그리기를 했다. 그 다음 검정 도화지 가운데 작은 구멍을 뚫어, 껍질 모양을 그린 도화지 위에 놓고, 마음에 드는 곳을 찾아내어 잘라 낸 다음 색칠하기를 했다. 제목 붙이기도 해 보았다. 아이들은 관찰할 때 벌써 온갖 말들을 쏟아 놓았다. 지구, 지도, 나라, 눈 같다 등의 언어를 쏟아 냈다.

아이들은 나뭇결에서 곡선을 찾아 그리는 것을 힘들어 했다. 집사람에게 이야기했더니 저학년 아이들은 사실화를 그리기 어려운 단계라고 했다. 난 그것도 모르고 나뭇결에서 곡선을 찾아 그리라고 했다. 하지만 아이들은 나뭇결을 관찰할 때 이미 온갖 모양을 찾아내고 있었다. 그때 아이들 말을 잘 듣고 자기가 찾아낸 모양을 인정해 주고 이를 그리거나 말하라고 물길을 터 주었으면 훨씬 생기 있는 수업이 되었을 것이다.

4교시에는 4, 5, 6학년이 준비한 마당극을 관람했는데 우리 아이들은 정말 폭 빠져들었다. 나도 너무 재미있어 함께 빠져들었다. 대사를 하는 배우들보다 우리 아이들 언어가 더 재미있었다. 아이들은 삶 자체가 비유며 판타지다. 비유는 직선이 아니라 앞길을 아무도 알 수 없는 곡선이며 다양성이며 빛깔이다. 모든 활동에서 아이들의 이런 비유의 삶을 인정하고 터 주어야 한다. 이곳에 문학, 미술, 음악, 몸짓 같은 예술이 있다. 삶의 행복이 있다.

아침에 학교에 와서 알림장을 쓰는데 분필 끼우개에 분필이 끼어서 칠판에 대고 탁탁 두드렸더니 한 아이가 하는 말.

"와! 총소리 같다."

그렇다. 아이들의 삶은 본디 비유의 삶이다. 난 비유의 삶을 잘 읽어 주고 인정해 주고 기다려 주면 된다.

분별이 없다

4월 1일(월) 분별이 없다

보이는 것과 보이지 않는 것, 직선과 곡선, 난 '분별'을 하고 있다. 이런 분별조차 없는 곳에 있어야 한다. 분별이 중요한 것이 아니라 지금 삶이 소중하다.

아이들이 조금만 잘하면 분별하여 잘한다고 하고, 조금 느리면 금세 분별하여 못한다고 한다. 무엇이 잘하고 무엇이 못하는 것인가? 그냥 느긋하게 기다려 주면 되는 것을. 분별이 없다면 삶 자체를 즐길 수 있을 것이다.

오늘은 어제에 이어 곡선 그리기 시간을 가졌다. 나무껍질 속에서 곡선을 찾은 데 이어 숲에 흩어진 나뭇가지들을 주워 돋보기로 관찰을 했다. '곡선'을 찾아 그리라 했던 어제와 달리 그냥 아이들이 본 대로, 말한 그대로 그려 보도록 했다. 훨씬 자유롭고 빠르게 그려 나갔다. 언어도 다양했다.

빨대, 도넛, 보름달, 손(박선아)

밧줄, 하마 입, 산, 폭탄, 안경, 달걀, 진흙, 보름달(진연주)

지팡이, 애벌레, 개미, 꼬마, 산(권우림)

송충이, 들어갔다, 나무 털과 점 같다, 가시 같다, 과자(임영주)

프로펠러 같다, 점박이(정윤식)

망치, 돼지 코, 지팡이(이민식)

재밌었고 해 보니깐 콧구멍도 보고 가지도 보고 도넛도 보고 개미도 보고 나뭇가지도 보고 돼지 콧구멍도 보고(신성민)

개구리, 나뭇가지, 반지, 개구리, 보름달, 다람쥐, 동굴, 애벌레, 버섯(유채연)

나침반, 돼지 콧구멍, 정신 나간 사람, 짝짝이 눈, 털, 눈, 윷놀이 판, 다람쥐 굴(이민아)

전기, 여우(이경환)

부채, 껍질 조개(김소영)

나무, 굴, 벌레(이유하)

참으로 다양한 언어로, 새롭게 세상을 보고 있다. 비유를 가르친다는 말은 틀렸다. 비유란 언어는 어른들이 만든 말이며 이미 비유는 아이들 삶이다. 아무것도 없는 그곳엔 이미 모든 것이 있다. 분별은 내가 만든다.

끝난 친구들은 밖에 나가 운동장에 곡선 그리기를 했다. 자기가 주워 온 나뭇가지로 그렸다. 함께 달팽이 놀이도 했다. 그네를 타며 선을 긋는 아이도 있었다. 함께 놀면 그뿐이다.

4월 2일(화) ㅁ ㅂ ㅅ

꾸준히 해 온 선 디자인 활동을 마치고 4월에는 한글 자음, 모음 배우기로 넘어갔다. 어떻게 가르쳐야 단순한 경필 쓰기가 되지 않고 삶과 언어를 자연스럽게 연결시킬 수 있을까를 고민하고 있다.

아이들의 수준 차도 있다. 전혀 모르는 아이도 있고 읽고 쓸 줄 아는 아이도 있다. 사실 한글을 알고 있는 것이 중요한 것은 아니다. 안다고 해도 그저 기초만 알고 있기 때문에 자기 삶과 연관 지어 배우면 다시 배워도 된다. 지난번에 나무껍질과 나뭇가지를 관찰하고 나무를 배웠다. 느티나무를 관찰하고 느티나무의 자음, 모음을 배웠다. 여기서 삶이란 감각, 특히 오감일 것이다. 만져 보고, 냄새 맡고, 보고, 듣고, 맛보는 것 말이다. 그래야 낱말도 생생하게 몸속에 남을 것이다. 또 생각지 못한 감성도 길러질 것이다.

오늘 아침에 'ㅁ', 'ㅂ', 'ㅅ' 쓰는 방법을 가르쳐 주고 네모 공책에 열 번씩 써 보게 했다. 잘못 쓴 것은 다시 쓰도록 하여 획순과 네모 안에 어우러지게 쓰는 법을 알려 주었다. 문제는 앞으로 어떤 방식으로 익혀 나갈 것인가이다. A4 종이에 'ㅁ'이라고 크게 쓰고 떠오르는 낱말을 말한다. 이 가운데 선을 꾸밀 수 있는 낱말을 찾는다. 'ㅁ'이 들어간 단어로 '나뭇가지'를 찾아냈다. 그리고 밖에 나가서 나뭇가지를 주워 왔다. 본드나 테이프를 이용해서 나뭇가지를 'ㅁ' 모양으로 만든다. 아래에는 '나뭇가지'라고 적는다.

'ㅂ'은 빨대로 꾸몄다. 교실에는 환경 꾸미기를 할 때 쓰고 남은 빨대, 실, 수수깡, 전선, 색 테이프 등이 있었다. 'ㅅ'은 전선, 실, 수수깡 등을 이용했다. 오늘은 처음이라 대표되는 재료와 낱말을 이야기해 주었지만 앞으로는 자음 하나씩을 적어 주고 스스로 재료와 낱말을 찾아 꾸미게 할 생각이다. 미리 알려 주고 아이들이 재료를 집에서 찾아 오도록 해야겠다.

처음 배운 아이나 알고 있는 아이들 모두 재미있게 배워 나갔다. 오늘은 시간이 좀 많이 걸렸지만 하루에 하나씩 배우면 자습 시간에 충분히 소화할 수 있을 듯했다. 이렇게 자음과 모음을 모두 익히면 낱말로 넘어갈 생각이다.

1학년 선생은 아이들과 무엇인가를 할 때 시간이 어느 정도 걸리는지 잴 수 있어야 한다. 오늘도 한 자 정도만 했어야 하는데 세 자를 가르치는 바람에 시간이 많이 걸렸다. 아이들에게 알맞은 속도를 잘 읽는 것도 교사의 큰 덕목인 듯했다.

교실 뒤 게시판에 붙여 놓았던 선 긋기 20단계를 모두 떼어 예쁘게 겉표지를 해서 보관할 생각이다. 다음 달에는 자음과 모음 작품집이 나올 것이다. 한 달에 한 가지씩 꾸준한 활동이 필요하다. 조금씩 쌓여 모인, 자기만의 작품을 보는 것도 큰 공부가 된다.

4월 3일(수) 돌아 가는 길

길을 걸을 때 돌아서 가 본다. 화장실 갈 때, 교무실로 이동할 때, 운동장을 거닐 때, 특히 바쁘게 움직일 때 가능하면 돌아서 가 본다. 한 바퀴 빙 도는 것이 아니라 앞으로 가되 직선이 아니라 옆으로 왔다갔다 하며 걸어간다. 처음엔 신발에 돌을 달고 있는 듯하지만 곧 여유를 찾는다. 왜 곧장 가야 하는지 스스로 되묻게 된다.

오늘은 자습 시간과 국어 시간을 좀 더 내서 'ㅇ' 공부를 했다. 어제보다 아이들이 쉽게 따라했다. 어저께 오후에 화장실에서 일일이 닦아 펼쳐 놓은 우유곽을 이용해서 'ㅇ' 꾸미기를 했다. 종이 아래에는 우유곽이라고 쓰라고 했다. 공책에는 'ㅇ'을 열 번씩 쓴다.

우유곽을 잘라서 'ㅇ'을 꾸미는 재미는 쏠쏠하다. 어떤 아이는 'ㅇ'을 꾸민 뒤 덧붙여서 해바라기처럼 만들었다. 경환이는 배를 만들었다. 민아는 가운데 붉은색을 칠해서 태양을, 이향이는 반짝이는 표시로 해를 그려 넣었다. 유하, 윤식, 재윤, 동환이는 우유곽을 잘라서 자기 이름도 꾸몄다. 민주와 영주는 해바라기를 꾸몄다.

말 그대로 돌아서 가는 길을 아는 아이들이다. 그래서 내가 꽃마을 친구들은 모두 천재라고 말해 주었다.

다모임 시간에는 아이들이 고마울 정도로 잘 앉아서 들어 주었다. 1학년 아이들이 50분 정도 가만히 앉아서 남의 말을 들어 준다는 것이 얼마나 힘든 일인가? 나중에 아이들은 바닥에 가슴을 대기도 하고 친구에게 기대기도 했지만 회의에 방해가 될 정도는 아니어서 참 다행스러웠다. 때로는 자신 있게 발표하는 꽃마을 아이들이다. 앉아서 이야기하는 내용도 사실은 회의에 관련된 내용들이 많다. 앉아서 나름대로 의견을 나눈다고 할 수 있다. 연주는 방석 네 귀퉁이에 달려 있는 술 속에 어디서 났는지 구슬을 넣어 해 아니면 해바라기를 만들고 있었다. 이 또한 돌아 가는 길이다.

4교시에는 '슬기로운 생활' 놀이터에서 놀기를 했다. 놀다 보니 여자아이들이 윤식이를 쫓아다니며 사인을 해 달라고 난리였다. 이름도 재미있었다.

"귀염둥이 윤식아, 사인해 줘."

윤식이뿐 아니라 모두가 귀염둥이인 것을 아이들은 알고 있을까?

점심시간에 소영이는 덥다고 체육복을 벗었다. 위아래 모두 내복 바람으로 거침없이 돌아다녔다. 양말을 내복 바지 발목까지 질끈 올려붙이고 돌아다니는 모습이 너무 당차 보였다. 난 소영이가 부럽다.

수업이 끝난 다음에 체육 창고 쪽을 보니 남은 꽃마을 아이들이 뭔가를 열심히 하고 있었다. 큰 세숫대야에 놀이터의 모래를 담아 셋이서 힘을 모아 운동장 끝에서 끝까지 나르는 것이 마치 개미들이 자기 일을 열심히 하는 모습 같았다. 나중에 아이들에게 물어보니 형들이 꽃에 물 준 게 흘러내려서, 모래로 물을 덮어 땅을 평평하게 만들었다고 전했다. 아주 힘든 일을 스스로 하고 있었다. 집에 가는 일도 잊은 채 말이다. 연주, 재완이, 성민이, 동현이, 은지, 영주, 선아는 몸을 움직일 줄 안다. 돌아 가는 재미를 안다. 아이들이 돌아서 가는 재미를 잃지 않으면 좋겠다.

낮에 뒷산에서 노는 아이들 모습은 어김없이 한 폭의 그림이다. 그렇게 아름다운 그림도 없다. 성춘향이 그네 타는 모습도 쫓아올 수 없다. 살아서 움직이는 그림을 보았는가? 저 정다움, 생기, 자연과 어우러짐을 글이나 그림으로 나타낸다면 그것은 이미 그 모습을 한정하는 일이다. 그저 바라보면 된다. 동화 쓰는 일도 아무

것도 아니다. 바로 지금 동화 속에 있지 않은가? 난 동화 속에서 한없이 돌아 가 보리라.

아까 운동장에서 모래로 땅을 평평하게 하던 재완이가 교실로 왔다. 내일 공부할 'ㅈ'을 아이들 책상 위에 올려놓는 일을 도와주었다. 그리고 'ㅈ'이 들어간 낱말이 뭐가 있을까 물었다. 아이들이 재료를 준비해 오겠지만 그래도 해 오지 않는 아이를 위해서 한 가지 재료 정도는 준비해 두어야 한다. 한참 고민하고 있는데 재완이가 말했다.

"선생님, 색종이요."

"맞아! 색종이가 좋겠다."

함께 색종이를 아이들 책상 위에 올려놓았다.

고맙다 재완아!

난 키 큰 또 하나의 꽃마을 아이일 뿐이다. 머리가 좀 벗겨지긴 했어도.

4월 4일(목) 문제 고사

학교에 오자마자 민진이가 전선을 자르다 손을 베었다. 작은 살점이 떨어져 나갔다. 피를 보자 다리가 후들거렸다. 얼른 교무실로 가서 붕대를 가져와 테이프를 이용해 압박을 했다. 지혈은 된 듯했다. 상처를 보니 약을 발라서 될 상황이 아니었다. 치료를 받더라도 병원에 가야 할 것 같았다.

민진이를 데리고 병원에 갈 상황은 아니고 그냥 있을 수도 없었다. 다른 1학년 아이들 걱정도 되었다. 민진이 어머니에게 전화를 했다. 올림픽대로를 타고 서울로 나가는 중이라 하셨다. 다른 어머니에게 부탁을 하겠다는 말씀을 듣고 전화를 끊었다. 나무마을 아이들도 몇 명 와 있었다. 딸 민겸이도 옆에 있었는데 1학년 아이들에게 이렇게 큰 가위를 주면 어떻게 하냐고 되물었다.

나도 가위를 보며 너무 커서 늘 위험하다는 생각은 했으면서도 바꾸어 주질 못했다. 민진이는 내가 떨고 있는 것에 견주면 아주 용감하게 참고 있었다. 민진이는 뿌리가 깊은 아이다. 나한테 반말을 하면서 아주 친근하게 다가오는 아이다. 싫은 것은 싫다고 당당하게 밝힐 줄 아는 아이다. 그래서인지 보통 아이 같으면 울고 난리가 났을 터인데 나보다 훨씬 침착했다.

나중에 우림이 어머님이 오셔서 병원에 데리고 가셨다. 두 시간 뒤에 돌아왔는데 두 바늘을 꿰맸다고 했다. 점심 먹고 난 뒤에 먹을 약도 주셨다. 참 고마웠다. 민진이는 다시 활달하게 활동을 했다.

점심시간에 민진이가 밥을 먹지 않겠다고 했다. 민진이를 불러 물어보니 그냥 밥이 먹기 싫다고 했다. 잠깐 꼭 안고 있었다. 밥을 먹어야 약도 먹일 터인데 걱정이 됐다. 빨리 집에 데려다 주어야겠다는 생각을 했다. 어머니 품에 있어야 마음이 놓인다. 민진이는 아니라고 하지만 손을 다치고, 병원에 갔다 오고, 얼마나 힘든 하루였겠나 하는 생각을 했다.

빨리 밥을 먹고 민진이를 내 차에 태우고 성남으로 내려갔다.

월드 뷔페 앞에서 민진이 어머니를 만났다. 어머님 옆에 서 있는 민진이를 보니 마음이 놓였다.

태어나자마자 아픈 바람에 주삿바늘이 들어가지 않아 고생할 때의 준겸이 눈빛이 떠올랐다. '아빠, 살려 주세요'. 꼭 그 눈빛이었다. 이러지도 저러지도 못했던 기억이 오늘 민진이 손을 보며 되살아났다. 내 오른손 두 번째 손가락에도 칼자국이 있다. 어릴 적 연필 깎는 칼로 장난치다 다친 흔적이다. 민진이 손에 상처가 남지 않았으면 좋겠다.

'ㅈ' 꾸미기를 한 종이를 거두어 보았다. 색종이, 장미, 나무젓가락, 고무줄, 잡지, 지도 등 다양한 재료를 찾아왔다. 모두 'ㅈ'이 들어간 낱말이다. 볼수록 참 영민한 아이들이다.

민진이를 데려다 주러 내려갈 때 연주, 민아, 이향이, 영주가 청소를 해 준다고 했다. 우림이 어머니는 민진이를 병원까지 데려갔다 오셨다. 당당하게 참아 내는 민진이도 있었다. 내가 불안해 보였는지 산마을 선생님은 녹차를 타 주셨다. 난 불안하게 떨며 하루를 보냈다. 민겸이 말대로 가위 크기 하나도 1학년 아이들에게 맞추지 못했다. 영민하고 착한 아이들을 맡은 담임이 참 문제다.

4월 5일(금) 빈 컵

내 책상 앞에는 차 마실 때 쓰는 컵이 있다. 나뭇잎이 그려진 뚜

껑도 늘 덮여 있다. 아침에 학교에 와서부터 차를 하루 세 잔 정도 마신다. 어떤 날은 전날 먹던 차가 남아 있어 다시 마시거나 컵을 화장실에서 씻어서 비운다.

내 앞에 있는 컵을 볼 때면 늘 비어 있으므로 다시 차를 마실 수 있다는 생각을 하게 된다. 만일 속이 꽉 차 있다면 컵으로서 쓸모는 생기질 않을 것이며 컵이라 부르지도 않았으리라. 빈 컵으로 여백을 남겨 놓았을 때 누군가에게 한 잔의 차를 마시며 자기 삶을 되돌아볼 여유를 줄 것이다.

내 마음속도 그러하지 않을까? 무언가로 꽉 차 있으면 쓰일 데가 별로 없다. 다른 것이 담길 틈이 없으니 꽉 차 있는 그것 외에는 보이지 않는다. 꽉 채웠다면 채운 만큼 버리고 비울 줄도 알아야 진정한 쓸모가 생긴다. 나누어 줄 넉넉함도 생긴다.

공부할 내용을 더 많이 고민해서 준비한 날일수록 꼬이는 경우가 많다. 준비한 정성들이 잘못 되었다기보다는, 준비한 만큼 비울 줄도 알아야 한다는 말이다. 내 것을 꽉 채우고 있으면 더욱 다른 사람이나 상황은 안 보이는 것이 인지상정인가 보다. 내 할 일이 늘어나고 욕심이 생기면 누군가를 몰아치게 된다. 주변 사람이 어떻게 되어 가고 어떻게 느끼고 있는지 읽지 못한다. 또 내 잘못보다는 남의 잘못을 먼저 말하게 된다.

수업도, 사는 일도, 인간관계도 그러하리라. 빈 컵이어야 차를 담을 수 있듯이 마음은 늘 비워야 할 것 같다. 누구를 위해서가 아니라 나 자신을 위해서 그렇다.

빈 컵에 녹차 한 잔 타서 살구나무 두 그루, 밤나무 한 그루, 느티나무 한 그루가 잘 어우러진 야외 교실로 나가 나무들처럼 그냥 조용히 있어 보아야겠다.

4월 9일(화) 지속 가능한 삶과 교육

4월 들어 교과 수업을 진행하고 있다. 3월에는 《우리들은 1학년》 통합 교과를 분석하여 나 나름대로 재구성해서 가르쳤다. 훨씬 여유가 있어 아이들 속도에 맞춰 개인 지도를 할 수 있었다.

4월부터 시작된 교과 수업은 아무리 통합을 하여 가르쳐도 한계가 있다. 통합된 교과를 다시 삶 중심으로 통합하여 가르쳐도 교과는 교과대로 다시 지도해야 되는 이중 부담을 안게 된다. 그래서 일단은 통합 가능한 시간만 통합하여 가르치고 나머지는 교과 그대로 나가는 수밖에 없다.

지난 일요일 학교에 나와 슬기로운 생활, 즐거운 생활, 국어, 바른 생활을 지도서와 교과서를 중심으로 꼼꼼하게 살펴보았다. 4월만 놓고 본다면 슬기로운 생활과 즐거운 생활은 거의 '봄'과 '안전'이 큰 소재였다. 어떤 경우는 같은 소재를 다른 시기에 가르치게 되어 있었다. 예를 들어, 슬기로운 생활 2단원에 '나의 몸'이 나오고, 즐거운 생활 1단원에 '내 몸에 대해 알아봅시다'가 나온다. 다시 말하여 국가 중심 교과서가 만들어질 때, 교과 간의 통합을 고려하지 않은 것이다. 하나 아이들이 배울 때는 통합해서 배우는 것이 좋다. 몸에 대해 배운다면 지속적인 탐색과 체험이 있어야 삶 속에 녹아들 수 있다. 그냥 가르치면 같은 내용도 분절되어 아이들이 체득하기는 쉽지 않다.

4월은 가능하면 봄의 분위기와 안전 생활을 주제로 슬기로운 생활, 즐거운 생활, 국어를 통합할 생각이다. 그렇지 않은 시간은 교과 중심으로 가르치면 된다. 여기에 각 교과에서 요구하는 기능 요소를 염두에 두면 된다. 슬기로운 생활이 요구하는 기능 요소는 살펴보기, 무리 짓기, 재어 보기, 조사 발표하기, 만들기, 놀이하기이고, 즐거운 생활의 기능 요소는 지각(흥미, 발견, 반응), 기능(신체, 음악, 조형), 태도(적극성, 심미성, 독창성) 등이다. 이 과정은 분리되기보다 통합되어야 한다고 본다. 그러나 이것은 교사가 가진 생각이고 어떤 아이는 때로 재어 보기를, 어떤 아이는 신체적 표현을 원하는 경우도 있다. 교사가 주도하기보다는 아이들 스스로 선택하여 활동하는 경우가 훨씬 효과가 있다.

국어는 저마다에게 의미 있는 체험을 해야 할 말, 쓸 글이 생긴다. 슬기로운 생활, 즐거운 생활의 큰 소재가 '봄'과 안전'이라면, 아이들은 관련된 체험을 한 뒤에 이를 말과 글로 표현할 수 있을 것이다. 장르도 아이들 스스로 선택할 수 있다. 다만 각 교과에서 요구하는 필수 기능 요소는 통합하지 않고 따로 가르칠 필요가 있다. 예를 들어, 자음·모음 배우기나 띄어쓰기, 원고지 사용법, 국어사전 찾는 법 등은 따로 가르칠 기능 부분이다.

사실 국가 수준의 저학년 통합 교과는 남한산초등학교에 가장 적합한 교과서다. 주로 계절을 느끼는 체험 요소가 많은데 우리 학교처럼 바로 자연을 접할 수 있는 학교는 별로 없다. 더 나아가 슬기로운 생활, 즐거운 생활, 국어, 바른 생활을 통합하여 가르치고 수학은 논리와 단계가 있으므로 독자적으로 가르치면 맞을 듯하다. 수학과 통합 교과 하나만 제시되면 참 좋겠다. 사실 난 이런 교과를 남한산학교에서 선생님들과 함께 만들고 싶다.

답은 우리 안에 있다. 무엇을 체험시킬 것인가가 중요한데, 우리 삶 안에 답이 있다. 옛날에 학교가 없을 때 어떻게 아이들을 교육했나를 보면 안다. 농사지을 때 필요에 따라 일을 하며 삶 속에서 부모로부터, 마을 어른들로부터 저절로 배우고 체험해 나갔다. 우리도 우리의 삶 속에서 체험을 이끌어 내면 좋겠다.

예를 들어 잔디 돌보기, 들꽃 심기, 모래 나르기 등을 우리 학교에서는 해마다 할 것이다. 교과서에는 자연 관찰, 모래 놀이, 꽃 심기 등이 나온다. 그러나 교과서대로 하면 비가 오지 않아도 비 온 뒤 모래 놀이를 해야 하고, 잔디를 옮기거나 돌볼 이유가 없는데도 해야 한다. 그것도 40분 단위로 말이다. 꽃 관찰도 주변에 꽃이 없으면 인터넷에서 사진을 받아서 가르치곤 한다. 우리가 하는 실천 과정 자체가 수업 속으로 바로 들어오면 좋겠다. 내년에는 우리 학교 안에서의 삶이 교과 속으로 들어오면 좋겠다.

아이들이 한 달 동안 한 주제에 대해 꾸준히 배우는 교육도 필요하다. 지난달에는 선 디자인을 했는데 이번 달에는 낱자 배우기를 하고 있다. 오늘은 'ㅌ'을 했는데 점점 창의적인 생각이 많이 나왔다. 재윤(사탕), 이향(콘푸로스트), 경환(스티커), 동환(토마토, 태극기, 토끼, 통닭을 그려서 꾸밈), 연주(실타래), 유하와 민아(털실), 성민(티슈), 소영(사탕 껍질과 깃털), 나머지 아이들은 테이프 등으로 나타냈다. 처음에 견주면 훨씬 다양한 언어들과 재료들이 등장했다. 교과 수업할 때도 필요에 따라 네 시간, 1주, 2주 등의 지속 가능한 집중 수업이 되면 좋겠다.

남한산학교에서 삶을 잘 돌아보고 내년에는 그 체험 내용을 바로 수업으로 이끌어 가면 좋겠다. 수준은 선생님들과 논의를 통해 정하면 될 것이다. 주마다 하는 토요일 교과 통합 수업이 분절적으로 느껴지는 까닭은 바로 이것 때문이다. 올해 열심히 가르치고 잘 보면 내년에는 좀 더 지속적인 체험 활동, 탐색, 자유로운 표현이 가능할 것이다.

4월 10일(수) 일단 시작하자

오늘부터 슬기로운 생활, 즐거운 생활, 바른 생활, 국어 통합 수업을 시작했다. 완전하진 않지만 이렇게 하는 것이 아이들에게 훨씬 좋을 것 같다. 낱자 공부는 하루하루 하고 있다. 내 책상 옆에 파가 있다. 아이들이 'ㅍ'을 꾸미기 위해 가져왔던 대파다.

무엇을 주제로 할까 고민하다 '몸'으로 정했다. 이것은 아이들에게서 나온 것이 아니라 교과를 보고 내가 선정한 것이다. 봄과 개인의 안전이 나오면서 몸이 나오는데, 봄에 관한 부분은 3월에 꽤 했다. 나무껍질에서 곡선과 본 모양 찾아보기, 나뭇잎 관찰하기, 봄을 느낄 수 있는 색 찾아보기 등을 진행했다.

몸에 관해서 떠오르는 말들을 들어 보았다. 무수히 많은 낱말들이 나왔다. 무릎, 머리카락, 주름, 손가락, 손, 식도, 입, 코, 이,

발, 발가락, 발바닥, 혀, 콧구멍, 배꼽, 목, 귀, 팔, 눈썹, 쌍꺼풀, 귀, 티눈, 고추, 잠지, 피, 혈관, 살, 백혈구, 유전자, 혈액형, 얼굴, 머리, 뇌, 사람, 음식물, 뼈, 꼬리뼈, 갈비뼈, 엉덩이, 가슴, 심장, 배, 옆구리, 콩팥, 허파, 삼신할머니, 생각, 교통사고, 동작 등이다. 칠판에 쭉 적고 나 나름대로 나누어 공부하기로 했다. 아이들이 분류하는 것은 아직은 무리일 것 같아 일단 그렇게 했다.

크게 여섯 부분으로 나누었다. 뼈, 동작, 사고, 피, 몸 안, 몸 밖이다. 삼신할머니는 나중에 국어 교과와 관련지어 보충 활동으로 다루어 볼 작정이다. 종이를 나누어 주고 가운데 몸이라 쓰고 여섯 부분을 각각 다른 색으로 칠했다. 먼저 뼈에 관해서 공부하기로 했다. 뒷면에는 반으로 접어서 자기 나름대로 몸을 그려 보기로 했다. 그리고 내가 책상 위에 올라가 동작을 하며 뼈마디가 있는 부분을 찾아보자고 했다. 크게 목, 어깨, 팔꿈치, 팔목, 허리, 무릎, 발목 등 열세 부분이었다. 뼈마디를 중심으로 내가 움직이는 모습을 간단히 그려 보기도 했다. 다른 아이들이 책상에 올라가 재미있는 자세를 취하고 따라 그리기도 했다.

과제로 집에 가서 옷을 벗고 거울에 비친 자기 모습에서 뼈마디를 다시 찾아보라고 했다. 내일은 종이와 테이프를 이용해서 몸을 만들어 볼 생각이다. 다음은 몸에 관한 기억도 써 보고, 운동장에서 다양한 몸동작도 해 봐야겠다.

몸에 관한 체험, 집중 수업을 이어 가면서 예술적 영역으로 승화시킬 방법을 고민 중이다. 문학, 미술, 음악, 체육, 덕목까지 가 보아야 한다. 처음이라 서투르지만 나도 생기가 나고 아이들도 자기 하고 싶은 만큼 하면서 새로운 생각들을 쏟아 놓으리라 본다.

요즘 아이들이 가장 힘들어 하는 것이 교과서 설명이다. 오늘 '쓰기'를 했는데 글도 잘 모르는 아이들에게 자음, 모음, 합쳐진 글자, 머리, 모자, 바지, 토끼, 포도, 하마까지 가르쳐야 한다. 읽기는 더하다. 다른 교과도 글씨를 모르면 너무 힘들다. 그나마 열일곱 명은 글씨를 알아서 대강 따라하지만 잘 모르는 세 명은 정말 힘들어 한다. 괜히 기죽고 못한다고 생각한다. 정말 이렇게 설명을 하고 많이 가르쳐야 하는지 의문이 들었다.

4월 11일(목) 몸과 뼈대, 입체로 만들기

자습 시간에 하는 낱자 배우기 가운데 어제는 'ㅎ'을 배웠는데, 훨씬 다양한 소재들이 등장했다. 은행(경환), 한지(채연, 이향, 선아), 현미(은지, 민식, 윤식, 채연), 봉선화·채송화 씨(재윤), 하트 모양(민진), 홍당무(민아), 하늘색 종이(소영), 레몬 홍차(동환), 학 종이(유하), 하트(우림) 등이었다. 집에서 나름대로 고민한 흔적이 훤히 보였다.

아침에 홍당무를 동그랗게 잘라 온 민아는 홍당무에서 이상한 냄새가 난다고 했다. 내가 가서 까만 봉지를 열어 보니 싱싱한 홍당무가 예쁘게 잘려 있었다. 하나를 주워 맛있게 씹어 먹었다. 홍당무 향과 맛이 좋았다. 민아는 동그란 홍당무 모양으로 'ㅎ'의 가운데 동그라미를 꾸몄다.

수학 두 시간은 수 순서 배우기와 숫자 영(0) 알기였다. 아이들은 문제를 쉽게 해결했지만 지문을 제대로 읽지 못해서 풀지 못하는 경우가 많았다. 설명과 문제 풀기가 끝나고 밖에 나가서 짝짓기 놀이를 하였다. 노래를 부르다, 내가 부르는 수대로 모이고 일렬로 서서 내가 부르는 순서의 아이가 나오도록 했다. 나중에는 전체가 한 원이 되어 순서대로 앉아 보기도 하고 자기 순서에 맞게 앞으로 나오기도 했다.

즐거운 생활 두 시간은 어제에 이어 몸에 관한 소재로 만들기를 했다. 아침에 교장실에 가서 교장 선생님께서 모아 놓은 신문지를 얻어 왔다. 준비실에서 가는 철사, 니퍼, 실을 가져왔다. 다시 한 번 뼈마디 움직임을 함께 보고, 직접 움직여 보았다. 또 아이들에게 어제 집에서 옷을 벗고 자기 뼈마디의 움직임을 살펴보았는지 물어보았다. 절반 정도가 자기 몸을 살펴보고 왔다. 처음이라 아이들이 잘 이해하지 못하는 면도 있었다. 원래 긴 과정은 하면서 알게 된다. 오늘은 아이들이 집에 가서 더 살펴보고 오리라 믿는다.

신문지를 접거나 구겨서 머리, 팔, 다리를 만들고 철사를 감아서 뼈대를 만들었다. 철사는 내가 앞에 앉아서 잘라 주었다. 연결 부분을 어려워했지만 나와 함께 철사를 감으며 배워 나갔다. 문제는 시간이었다. 점심시간이 되었는데도 아이들은 밥 먹을 생각을 하지 않았다. 머리와 몸통이 잘 연결되지 않는다든지, 옷을 더 입혀야 한다든지, 실을 묶어서 꼭두각시놀이를 해야 한다든지 참 다양했다. 더 이어 가지 못한 점이 아쉬웠다. 먼저 만든 아이는 벌써 인형극처럼 대사를 만들어 놀이를 하고 있었다.

내일은 뼈마디에 중심을 두지 않고 동작에 중심을 두어 찰흙으로 만들어 볼 생각이다. 동작을 보고 찰흙을 붙여 만드는 것이다. 뼈마디를 공부한 내용이 어떻게 영향을 미칠지 궁금하다. 미로의 작품(〈개혁〉, 1915) 가운데 사람이 개를 쫓는 장면이 있다. 예전에는 정교하게 묘사하는 방법을 쓰던 작가가 이 작품에서는 직감으로 움직이는 순간을 바로 붙잡아 그리는 방법을 썼는데, 개 쫓는 모습이 훨씬 리얼하게 드러났다는 글과 그림을 본 적이 있다. 이번에는 부분 부분을 배워서 전체를 아는 공부가 아니라 전체 느낌을 순간에 잡아내는 방법을 중심으로 표현해 보도록 해야겠다.

4월 12일(금) 전체에서 부분으로

수학 시간에는 1에서 5까지 수를 세어 보고 비교하기와 주변에서 수 찾아보기를 했다. 연필, 책, 공책 등을 세서 비교해 보고 무엇이 더 큰 수인지 알아보기였다. 바둑알을 나누어 주고 가위바위보를 하여 이긴 쪽이 한 알씩 가져갔는데 아이들이 재미있어 했다. 두 명에 한 움큼씩을 주고 가위바위보를 해서 가져간 바둑알 숫자를 세서 공책에 쓰도록 했다. 가위바위보도 다리로, 입 모양으로, 한 손 빼기 등으로 해 보라고 했더니 다양한 방법으로 재미있게 숫자 게임을 했다.

조성실 선생님이 쓰신 《아이들과 함께하는 놀이수학》(우리교육,

2001)을 참고하여 교과서와 함께 가르치고 있는데 아이들이 아주 좋아했다. 조 선생님 연구가 수업에 굉장히 도움을 주고 있다.

즐거운 생활 시간에는 어제에 이어 입체로 몸 나타내기를 했다. 어저께는 철사와 신문을 이용해 뼈대를 만드는 공부였다면 오늘은 찰흙을 가지고 통째로 주물럭거려 만드는 것이다. 시작하기 전에 종이를 나누어 주고 열 가지 정도의 자세를 보고 간단히 그리기를 해 보았다. 내가 먼저 두세 가지 자세를 취했다. 마디를 중심으로 그리는 아이들이 많이 늘었다. 아이들이 나와 동작을 멈추고 있으면 다른 아이들이 보고 그렸다.

그러고 나서 도자기 찰흙과 물레를 나누어 주었다. 도자기 찰흙은 만질 때 느낌이 훨씬 부드럽다. 보통 찰흙보다 좀 크게 잘라 덩어리째 나누어 주었다. 부분을 만들어 붙이기보다 덩어리를 누르고 당겨서 만들게 했다. 앞에서 종이에 그려 본 열 가지 포즈에서 하나를 선택하여 만들도록 했다. 하다 굳는 경우는 물을 이용해서 붙이도록 했다.

나온 작품은 뒤에 전시해 놓았다. 대체로 운동감이 많이 들어가 있었다. 마른 다음에 밀가루 반죽을 하여 덧바르기를 해 볼 생각이다.(다음 날 미술 선생님이 이 글을 보고 반죽을 하는 게 아니라 바로 밀가루를 바르는 것이라고 가르쳐 줌. 직접 해 보아야 하는 건데!) 다음 주에는 '삼신할머니'를 가지고 이야기하며 국어(언어) 중심 통합 수업으로 몸 주제를 이끌어 가야겠다.

어제 서울 동화 모임에 나갔다가 장주식, 임덕연 선생님을 만나 모임하고 술 한잔하느라 밤 열두 시가 넘어서야 끝났고, 잠도 제대로 자지 못했더니 하루 종일 힘들다. 두 분은 여주에서 한 달에 한 번 동화 창작 모임에 나오시기 때문에 나 먼저 들어오기가 미안했다. 아무튼 열두 시 전에는 들어와야 다음 날 수업에 지장이 없다. 피곤해서 아이들 질문을 친절하게 받아 주지 못한 날이다.

4월 15일(월) 정지와 연속의 미

사람이 살면서 멈출 때와 나아갈 때를 알아야 자연스럽게 살 수 있다. 바람은 멈추었는데 혼자 신나게 흔들리는 나뭇잎은 없다. 난 요즘 정지하고 좀 쉬어야 한다고 느끼고 있다. 교과 통합 수업에 들어가면서 일요일에도 쉬지 못하고 학교에 나와 교재 연구를 했다. 어저께도 나와서 일주일 동안 가르칠 내용을 정리하고 들어갔다. 몸이 피곤하다. 정지의 시간이 필요하다.

아이들에게도 마찬가지다. 언제 정지시키고 이어 줄 것인가가 문제이다. 오늘 아침 'ㅑ'를 꾸미고 쓸 때도 다른 아이들은 다 끝내고 쓰기 공부로 들어갈 준비를 하는데 두세 명은 여전히 꾸미기를 계속하고 있었다. 어찌할 것인가? 마냥 기다릴 수도 없다. 이어 가기도 왠지 어색하다. 그동안 쌓여 온 과정을 보고 판단했다. 재완이와 소영이는 정지가 필요하다. 지나치게 다른 일에 빠져 있어서 오늘은 정지를 시켰다. 다 함께 할 필요성도 알기를 바라는 마음에서였다.

반면에 3, 4교시 숲을 몸으로 느끼고 글쓰기를 할 때는 이어짐이 필요했다. 그동안 황사 때문에 통 산에 올라가지 못했다. 몸으로, 오감으로 산을 느끼기에 아주 좋은 날씨였다. 이야기하지 않고 아주 조용히 올라갔다. 중턱쯤 올라 바닥에 앉아 자연의 소리를 들었다. 누워서 하늘도 보고 소리도 들었다. 자리에 앉아 땅도 파 보았다. 소영이와 우림이는 맨 뒤에서 따라왔다. 다른 때 같으면 떨어지지 말고 오라 했을 텐데 오늘은 그냥 있어 주었다. 나무도 만져 보고 나뭇잎도 보고 별꽃도 보는 모습이 아주 예뻤다.

누워서 자기 느낌도 이야기했다. 나무 사이로 보이는 구름과 흔들리는 나뭇잎을 이야기했다. 충분히 보고 나서 내려갈 때는 가지 않던 곳으로 길을 틀었다. 골짜기 쪽으로 내려갔다. 훨씬 나뭇잎이 많아서 폭신했다. 밤 껍질도 있었다.

난 흙을 파면 바로 나오는 검은흙의 냄새와 더 깊이 팠을 때 나오는 황토의 냄새를 맡았다. 수없이 얽혀 있는 잔가지도 새로웠다. 바람은 온몸에 닿아 나를 감싸고 돌았다. 올라갈 때 끊이지 않고 보이는 참개별꽃도 나에게 말을 걸었다.

내려와서 올라갔을 때 느낌을 그림과 글로 나타내도록 했다. 산 그림이 많았고, 나무 아래 뿌리 모양을 그린 아이도 나왔다. 형용사도 많이 등장했다. 사실적 언어와 비유적 언어도 싱그러웠다. 언어는 역시 몸의 체험에서 나온다. 멈추어 작은 몸짓을 이어 갔을 때 나온 언어들이다. 자세히 보니 정지와 연속도 하나네.

땅을 팠더니 개미가 나왔다.(정윤식)

개미들의 집이었다.(이민아)

포근하다. 좋다. 땅을 만져 보면 목욕하는 것 같다. 시원하다.(김이향)

산 산 무슨 산? 바람 부는 산! 산 산 무슨 산? 새소리 나는 산!
산 산 무슨 산? 푸른 산!(김민주)

상어처럼 생긴 구름(권우림)

땅속에 뿌리예요.(이재윤)

폭신폭신했어요.(신성민)

흙에 보물이 있을 거예요.(이민식)

산 구름(이경환)

예쁜 산 - 나뭇잎과 구름이 날아다니니까 비행기 같다.(임영주)

코끼리 구름(김소영)

뿌신(폭신)했어요.(박선아)

누웠는데 간지러웠어요.(손동환)

4월 16일(화) 삼신할머니를 아는가?

몸에 관한 공부를 하고 있다. 뼈 가지를 끝내고 이번 주에는 삼신할머니 가지로 들어갔다. 주로 언어 영역이 중심이다. 읽기 25쪽 그림에 낱말 넣기를 하고 빙고 맞추기와 받아쓰기를 했다. 교과에서 기본적인 것만 다루고 목표에 맞게 몸에 관한 소재로 이끌어 간다.

마침 이향이가 《삼신할머니와 아이들》(정하섭, 창비) 책을 가져왔다. 아이들은 인터넷에서도 찾아오고 부모님께 물어서 써 오기도 했다. 삼신할머니를 읽어 줄 때 옥황상제, 용왕, 저승, 이승, 염라대왕 등이 나오니까 꽤 생소해 했다. 오히려 포세이돈, 제우스라고 말하면 알아듣는 아이가 더 많다. 이래저래 좋은 공부가 될 것 같았다. 하늘과 바다 신을 이야기해 가며 글을 읽어 주었다.

아이들을 무척 좋아하는 삼신할머니를 본 옥황상제는 삼신할머니를 땅으로 내려 보내 아이를 낳는 일을 맡겼다. 마침 바다를 다스리는 용왕의 딸도 같은 일을 하기 위해 보내졌다. 아기 낳는 일이 겹치자 둘은 옥황상제에게 가서 "누가 아이 낳는 일을 해야 할까?"라고 물었다. 옥황상제는 나무 한 그루씩을 주며 꽃을 많이 피우는 쪽에게 맡기겠다고 했다. 결국 삼신할머니가 꽃을 많이 피워서 아이를 낳는 일은 삼신할머니가 계속 맡고, 용왕 딸은 염라대왕이 다스리는 저승의 죽은 아이들을 돌보는 일을 맡았다.

이 글에는 탯줄, 실, 배꼽, 몽고반점, 옥황상제, 염라대왕, 용왕 등의 새로운 이야기들이 섞여 나온다. 이런 신의 체계를 더 쉽게 만화 형식으로 아이들에게 읽히면 그리스, 로마 신화 못지않게 잘 읽힐 것이다. 우리 이야기는 멀어지고 서양 이야기를 먼저 읽는 것도 아쉽다. 사실 이 책도 저학년이 그냥 읽기에는 좀 어렵다.

이렇게 삼신할머니 이야기를 마치고 내일은 자기를 낳을 때 부모님이 꾸신 태몽과 태어날 때 이야기를 부모님께 여쭤 보고 조사해 오라고 했다. 삼신할머니는 점지하는 일을 한다면 낳고 키우는 일은 부모님이 하지 않는가? 어디에서 태어났는지, 엄마가 얼마나 힘들었는지 아이들은 잘 모른다. 사실 우리 민겸이 태어날 때, 키울 때 고생한 일을 민겸이에게 말해 준 적이 거의 없다. 내 몸이 어디서 왔고 어떻게 크고 있는지 한 번쯤 알아보면 좋은 공부가 될 것이다.

이 공부가 끝나면 부모님과 나와의 관계에서 자기가 할 수 있는 일을 찾아 실천해 볼 작정이다. 자연스럽게 바른 생활 영역으로 갈 수 있을 것이다.

4월 17일(수) 태몽 좀 들려주세요

아이들이 조사해 온 태몽을 들었다. 먼저 녹음해 온 성민이와 민식이 이야기를 들었다. 성민이의 태몽은 외할머니 집에서 어머니가 가져온 반달 금목걸이 이야기였다. 그래서 성민이가 외할머니를 아주 닮았다는 어머니 이야기도 참 재미있었다. 민식이는 냉장고에서 어머니가 복숭아 두 개를 꺼내 먹었다는 내용이었다. 어머니가 직접 들려주는 태몽을 들으며 아이들은 너무 신기해 했다.

다음에는 글로 적어 온 아이들이 나와서 발표를 했다. 또 글로 적지는 않았지만 들은 이야기를 전하는 태몽도 재미있었다. 1학년 아이들이 아주 진지하게 자기가 들은 내용을 발표하는 모습이 너무 예뻤다.

민진이는 아기 때 사진과 발바닥 찍은 모양, 엄마 손도장 찍힌 모습까지 가져와서 아이들과 돌려 가며 함께 보았다. 아이들은 갓난아기 사진을 보면서 까르르 웃어 댔다.

그 외에 엄마 돼지가 새끼 돼지에게 젖 먹이는 꿈(이향), 열매 따 먹는 이야기(재완), 새끼 호랑이(재윤), 장어(민주), 금빛 강아지(소영), 탐스런 열매(동환), 뱀(유하) 등이 있었다.

낳을 때 힘들었던 점, 기억나는 이야기도 들었다. 태몽보다는 적게 조사해 왔다. 이향이가 어제에 이어 《내 동생이 태어났어》(정지영, 정혜영 글·그림, 비룡소)란 책을 가져와서 함께 읽어 보았다. 아기방, 정자와 난자, 아기 낳는 장면 등이 아주 알맞게 표현되어 있었다. 아이들도 아주 관심 있게, 또 거부감 없이 아이가 태어나는 과정을 그림으로 보며 들었다.

내일은 집에 가서 부모님 발을 씻어 드리고 느낀 점을 발표하기로 했다.

3, 4교시에는 찰흙으로 몸통, 머리, 팔, 다리를 만들어 놓고 손가락, 발가락, 눈, 코, 입, 귀, 머리카락 등을 관찰하고 따로 만들어 붙이기를 했다. 아이들은 손을 만들기가 힘들다고 했다. 몸의 각 부분을 알 수 있기를 바란다. 전국국어교사모임에서 만든 중1 교과서 《우리말 우리글》에 보면 '우리 몸' 단원이 있고 몸의 각 부위

를 언어로 설명해 놓은 자료가 있다. 복사해서 아이들에게 나누어 주고 배우면 좋을 것 같다. 낯, 뺨, 멱살, 등골, 볼기, 궁둥이, 오금, 장딴지 등 말도 재미있다.

내가 할 수 있는 일은 별로 없다. 이항이의 도움, 전국국어교사모임의 선생님들이 연구해 놓은 성과, 태몽 이야기를 정성껏 들려주는 부모님 등 여러 분들의 도움으로 함께 배워 나갈 뿐이다. 그래서 두렵지만 하면서 기쁨을 느낀다. 쉽게 얻어진 기쁨은 또 쉽게 사라지는 법이니까.

4월 19일(금) 몸 곡선에서 나온 상상력

바람이 멎고 햇볕이 따스한 날이다. 아이들과 함께 운동장으로 나갔다. 운동장 둘레에 있던 놀이 기구들을 치우니 너무 시원했다. 우리 학교의 놀이터는 모든 놀이 기구가 모여 나무와 잘 어우러져 있다. 보통 다른 학교의 놀이 기구는 운동장 둘레에 그냥 쭉 늘어선 경우가 많은데, 아마도 공간이 없어서 그랬을 것이다. 나무만으로 운동장 둘레가 채워지면 참 좋다. 놀이 기구를 치운 자리는 또 하나의 넓은 쉼터가 되었다. 그 자리에 모여 몸 그리기를 했다.

두 명이 짝이 되어 한 명이 눕거나 앉거나 엎드리거나 하면 나무 막대기를 구해서 몸 선을 따라 긋는다. 짝을 바꾸어 되풀이한다. 여섯 가지 정도의 모양을 그려 보라고 했다. 처음에는 선이 잘 안 나온다고 하더니, 나중에는 모래 바닥보다 흙이 많아 선이 잘 보이는 그늘 쪽으로 알아서 모여들었다.

돌아다니며 그려 놓은 선 모양을 보니 그렇게 예쁠 수가 없었다. '아, 몸도 참 아름다운 자연의 곡선이구나.' 하는 생각이 들었다. '큰 도화지가 있었다면 더 좋았을걸.' 하는 생각도 순간 들었다. 그렇지만 따스한 햇빛 아래 바닥에 누워 보는 느낌도 좋았다. 다 그린 다음 노란 도화지와 연필을 가져오라고 했다. 자기가 바닥에 그린 그림 가운데 맘에 드는 모양을 그대로 도화지에 옮겨 그리라고 했다. 아이들은 순간 당황을 했다. 몸 선을 따라 그리기는 쉽고 재미있는데 선을 보고 그리는 것은 좀 어려워했다.

다 그린 다음 교실로 들어와서 가위로 오려 다른 흰 도화지에 옮겨 붙이라고 했다. 붙인 다음 제목도 붙이고 이야기도 만들었다. 이때는 아이들이 훨씬 생기를 찾았다. "선생님, 이렇게 해도 돼요?" "이건 유령이에요." 글로 잘 안 되는 아이들은 나에게 와서 말을 했다. 난 받아쓰기하듯이 그대로 받아서 적어 주었다. 만화처럼 칸을 넣어 이야기를 간단히 만드는 아이들이 많았다. 얼굴도 그려 넣고 색칠을 한 아이들도 있었다.

역시 직선보다는 곡선이 상상력을 자극한다. 직선은 한 가지 길만 정해진 것 같고 더 이상 할 말이 없을 듯 하다. 곡선은 어디로 가는지 알 수 없으므로 정해지지 않은 상상력을 발휘하게 만든다. 평소에 말을 많이 하지 않고 물어보면 "그냥요."라고 대답하던 은지도 오늘은 신나게 붙이고 집, 구름, 연기까지 덧붙여서 스스로 가지고 나와 나에게 이야기해 주었다. 그림만으로는 모자라서 글로 써야겠는데 잘 모르니까 답답해 하며 나에게 와서 마구 쏟아 놓은 아이들의 말은 참으로 대단했다. 몸에서 나온 곡선은 아이들에게 상상하는 힘을 준다.

착한 소녀

한 소녀가 있었는데 어느 날 소녀가 길을 가다 보니 할머니가 있었는데 힘들게 빨래를 했는데 소녀가 "할머니, 힘드시죠? 제가 도와드릴게요." 말하자 할머니는 신나서 꿍꿍 뛰었습니다. "아이고, 고맙다!"(임영주)

귀신 나라

"너 누구야?" "너야말로 누구야?" "근데 너 귀신 아니야?" "아니야." "너 뒤에 누구야?" "귀신이야."(정윤식, 이재윤)

- 귀신 뒤에 귀신이 있는 그림이었는데 이것을 보고 아이들은 "너 누구야?"란 말을 많이 이용해서 말을 만들었다.

성냥팔이 소녀

성냥팔이 소녀의 아빠가 너무 사나웠습니다. 그래서 아버지가 성냥을 팔라고 그래서 바깥에 나왔는데 아무도 성냥을 팔아 주지 않았습니다. 그런데 성냥팔이 소녀는 힘이 들어서 의자에 앉았습니다. 집 앞에 의자에 이런 게 있었습니다. 스위치를 누르시오. 그래서 스위치를 눌렀더니 하늘에서 복주머니도 같이 내려오고 돈도 내려왔습니다. 그래서 집에 무사히 돌아갔습니다.(이민아)

가위 인간과 세 친구

옛날에 세 친구가 있었어요. 그런데 한 친구가 "메롱!" 하고 놀렸습니다. 그러나 또 한 친구가 "흥!" 하고 화를 냈습니다. 그러자 또 한 친구가 "싸우지 마." 했습니다.(김소영)

4월 24일(수) 드디어 찾았다

몸에 관한 공부를 할 때 아이들과 몸 안의 기관에 대해 이야기한 적이 있다. 공부의 큰 가지로 몸 안 공부를 하고 싶었는데 마땅한 자료나 전문가를 찾을 수 없었다. 직업이 간호사나 의사인 부모님이 있으면 부탁해 볼까 했는데 그것도 쉽지 않았다. 적어도 음식이 몸에서 어떤 작용을 하는지, 피는 어떻게 도는지, 살과 뼈의 모습은 어떠한지 알려 주고 싶었다. 아이들은 위장, 창자, 백혈구, 유전자 등의 낱말까지 쏟아 놓았다.

그러던 중 집에서 민겸이가 보던 책을 뒤적이다 우연히 알맞은 책을 발견했다. 샘터에서 나온 '첫 발견 시리즈' 가운데 《우리 몸》이란 책이었다. 뼈, 소화, 햇빛과의 관련성, 피의 순환 등 너무나 잘 짜여진 하나의 몸 교과서였다. 예를 들어 소화를 설명할 때, 사과를 먹는 아이의 몸이 한쪽에 나오고 또 다른 쪽에는 투명 비닐 위로 위, 장, 배설이 나오는 그림이 차례대로 있다. 그리고 한 장씩 옮겨 앞쪽에 덮으면 사과가 우리 몸속에서 소화되는 과정을 쉽게 알 수 있다.

아침에 실물 화상기에 올려놓고 보여 주었다. 눈높이도, 설명 방식도, 종이 질과 선명도도 너무 좋았다. 같은 시리즈 가운데 《알고 있나요?》라는 책을 보면 필름 위에 종이 확대경이 있어 돌아다니면서 공룡의 각 부위를 보게 되어 있었다. 교재로도 참 좋았고, 수업 방식 면에서 생각해도 교사가 배울 점이 많았다. 교재 개발을 한다면 이 정도는 되어야 하겠다는 생각도 들었다.

오늘 오후 학교 도서관에서 동화 모임과 더불어 '숲' 주최로 강좌가 있었다. 난 그 모임에서 이 책을 소개했다. 스물한 분이 참여했는데 아주 열심히 들으셨다. 책은 문화다. 도서관도 문화다. 부모님들이 관심을 많이 가지면 책 선정부터 행사까지 많은 도움을 줄 것이다.

4월 25일(목) 눈물 없이 가는 길이 있던가?

'그대들의 눈물과 한숨은 나에겐 아름다움입니다.'

오랜만에 나간 구리 지역 교과 모임에서 선생님들이 털어놓은 일주간의 삶 이야기를 들으며, '50명 아이들을 가르치는 교사가 눈물 없이 가르칠 수 있겠는가?' 하는 생각이 들었다. 정직하게 눈물 흘리며 아이들과 만나는 모습에 마음이 찡했다.

나도 요즘 놀이마당 준비, 강좌, 글 청탁이 겹치면서 잘 지내오던 꽃마을 아이들에게 어쩔 수 없이 소홀해진 자신을 발견하곤 약간의 우울증과 체력의 한계를 느끼고 있다. 그리하여 눈부시도록 생기 넘치는 푸르름이 무섭기도 하고, 다른 세상에 전혀 다른 인간으로 외톨이가 되어 끼여 있는 자신을 바라보기도 한다. 하늘을 본 지 일주일도 넘은 것 같다. 자연 속에서 그냥 구별 없이 섞여 있을 때가 좋았다. 내가 없을 때가 좋았다.

한 후배는 수업 시간에 늑목을 하다 떨어져 다친 아이 때문에 너무 마음 아파하고 있었다. 또 다른 후배는 학급에서 칭찬 은행을 하고 있는데, 또 하나의 통제 조건을 제시한 자신의 모습을 깨달았을 때 참으로 힘들었다고 했다.

한 달에 한 번, 반 신문을 만들었다는 후배, 어린이날을 맞이하여 책갈피를 만들어 주면 좋겠다며 양식을 만들어 제시하는 후배도 있었다. 난 자연에서 나온 이야기 수업을 발표했다.

힘든 후배는 힘든 대로, 열심히 하는 후배는 열심히 하는 대로 저 밑바닥에 깔려 있는 사랑을 알고 있다. 그래서 술 한잔하며 눈물도 흘릴 수 있다. 못난 교사여도 좋다.

교사가 아이들만 생각하며 수업에 전념할 수 없는 상황에서 눈물 흘리며 가는 길이 우리들의 당연한 존재 방식일지도 모른다.

그대들은 아는지 모르겠다. 그대들의 눈물은 오히려 나에겐 아름다움이며 힘이 되었다는 것을.

극도로 피곤한 새벽인데 오늘은 잠을 이루지 못하고 있다.

4월 26일(금) 바닥에 납작궁 엎드려서

입술이 자꾸 마르고 얼굴에 열이 난다. 잠까지 못 자서 그런지 몸을 가누기도 어렵다. 어제까지는 딴 세상에 홀로 있는 외톨이 같더니 오늘은 지쳐서 그런 것인지 바닥에 납작 달라붙은 것만 같다. 바닥에 달라붙으니 세상이 너무 커 보인다. 난 너무너무 작아진다. 내 존재는 도화지에 찍어 놓은 작은 점보다도 작다. 잘 보이지 않는다.

오늘은 아이들도 왜 그렇게 크게 보이는지 모르겠다. 내 볼을 잡아당기는 아이, 중간 놀이 시간에 따스한 햇볕에 아무 생각 없이 앉아 있으면 어느새 쫓아와 엉덩이를 들이밀며 내 무릎에 앉는 아이, 머리카락 빠진 정수리 부분을 쓰다듬는 아이, 걸어가면 옆으로 다가와 팔짱끼는 아이들이 그렇게 커 보일 수 없다. 점처럼 작아진 나는 아이들이 움직이는 대로 옮겨 다닌다.

몸이 지쳐 아무 생각 없이 하던 대로 그냥 하는데도 아이들은 더욱 내게 가까이 온다. 아니 원래 가까이 왔던 것을 내가 못 느꼈는지도 모른다.

거의 한 달 동안 진행해 온 자음, 모음 낱자 공부를 마치고, 외워서 쓰고 내 앞에서 외워 보기를 했다. 외우는 모습도 너무 이뻤다. 고개를 까딱거리며 외우는 아이, 외우다 생각나지 않으면 "아니 아니 아니." 하며 이상한 발음의 감탄사를 내뱉는 아이, 외웠다고 생각했는데 어느 순간 막힌 것에 스스로 놀라는 아이 등 참으로 다양했다. 하도 웃겨서 내가 그 모습을 따라하자 아이들은 틀려도 오히려 웃으며 다시 외우곤 했다.

다음 시간에는 고무줄총 만들기를 했다. 차근차근 설명을 하며 나무젓가락, 고무줄을 이용하여 함께 만들어 나갔다. 고무줄로 묶는 부분만 좀 힘들어 하고 모두 잘 하고 있었다. 중간 놀이 시간이 되어 하도 머리가 아프길래 쉬었다 하자고 했더니 아이들이 너도나도 뛰어나와 나도 나도 해 달라며 고무줄총을 내미는 바람에 다시 한참을 만들다 밖으로 나왔다. 그 사이 아이들은 벌써 완성을 해서 고무줄을 재서 쏘고 있었다. 다음 주 놀이마당을 준비하는 시간이 아니라 그냥 놀이로 자리 잡으면 좋겠다. 운동장에 사방치기 하는 아이들이 늘었다. 돌을 던지고 아이들이 통통 튀고 있다.

다음으로 다음 주에 계단에 그릴 벽화 밑그림을 그렸다. 주제는 남한산의 자연이었다. 개미, 무당벌레, 제비꽃, 목련, 학교 개 진구 등 남한산에서 볼 수 있는 자연을 그리라고 했다. 함께 나가서 몇 가지를 정해 놓고 그릴까 하다 그동안 연습한 '자유'를 믿기로 했다. 자유도 누려 본 아이가 제대로 누릴 줄 안다. 또 훈련도 필요하다. 그냥 나가서 그리라고 하면 딴 놀이를 하다 그냥 돌아오기 쉽다. 학습에서 자유는 단계적인 훈련 과정이 있어야 한다. 처음에는 한 가지만 하다가 두 번째에는 두 가지 정도를 제시해 준다. 세 번째는 여러 가지 가운데 선택을 하도록 한다. 나중에는 말 그대로 자유롭게 하도록 한다.

나가서 그려 보라고 하고 돌아다녀 보았다. 학교 곳곳에서 아이들은 쉬어 가며 자기 할 일을 하고 있었다. 엎드려서 그리는 아이, 쪼그리고 앉아서 한참을 관찰하는 아이, 진구 얼굴만 그려 놓고 울상 짓는 아이(왜 그러냐고 물어보았더니 진구를 그려야 하는데 자꾸 움직이다

도망가서 몸을 그릴 수 없다고 했다.), 교실에서 그동안 관찰했던 무당벌레를 그리는 아이(안 보고도 척척 잘 그렸다.) 등 다양했다.

아이들이 그려 놓은 종이를 한 장 한 장 걷으면서 뿌듯했다. 사물 그 자체가 아니라 나름대로 자기의 느낌이 실려 있어 좋았다. 귀여운 애벌레, 버섯 위의 개미, 옹기종기 모여서 걸어가는 듯한 개미들, 알록달록 무당벌레, 가방을 메고 가는 개미, 작년에 보았던 토끼 등 모두 아이들 삶 속에서 나왔다. 설명을 하고 싶은지 그림 옆에 글을 적어 넣은 아이도 있었다.

일기를 쓰고 있는데 재완이가 와서 고무줄총 뒷 손잡이가 자꾸 흐느적거린다고 어떻게 하면 좋으냐고 조른다. 자기 나름대로 철사를 주워서 덧감기는 했지만 여전히 고정은 되지 않았나 보다. 나무젓가락을 반으로 부러뜨려 대각선으로 대 주었다. 재완이가 만족한 얼굴로 교실 밖으로 후다닥 뛰어나갔다.

꽃마차 꾸미기는 어떻게 하지? 작년에는 나무마을 어머니들 열 분이서 네 시간 정도 작업한 것이라는데, 또 기념품은 컵으로 하기로 했는데 전화도 해야 하고 결제는 어떻게 해야 하는지 알아봐야 하고, 콩주머니는 더 사야 하나? 운동장에 놀이 배치는 어떻게 하지? 세세하게 따져 보면 머리가 아파 온다. 이것도 병인가 보다. 어젯밤까지 문득문득 떠오르던 생각들이 멈췄다.

내가 할 수 있는 일은 아무것도 없고 할 힘도 없어 보인다. 점 속에 무슨 생각이 있을까? 머리라는 형체조차 보이지 않는다. 점을 보고 있는 나는 나 같지가 않다. 별일도 아닌 것 가지고 자꾸 생각하고 하려고 하는 내가 문제였나 보다. 오는 대로 받아들이면 된다. 안 받아들이려고 할 필요도 없다.

이 큰 세상 바닥에 사인펜으로 찍은 검은 점일 뿐이다. 그래도 딴 세상에 홀로 있는 '외톨이' 보다는 납작하게라도 아이들 사이에 붙어 있는 '점'이 좋은 하루였다.

4월 29일(월) 빗방울이 날 막 치는 것 같다

자연과 가까이 있으면 저절로 하늘을 보게 된다. 작은 나뭇잎의 흔들림도 느낄 수 있다. 보통 중소 도시 학교에서는 자연을 느끼는 것이 쉽지 않다. 그렇지만 잘 생각해 보면 아이들이 자연과 함께할 활동들을 찾을 수 있다.

꽃, 꽃잎, 나뭇잎, 꽃밭에 심은 꽃, 씨앗, 비, 바람 등을 느낄 수 있다. 중요한 것은 이것을 느낄 분위기를 만들어 주는 것이다. 주변에 아파트, 연립 주택, 아스팔트, 시멘트로 둘러싸인 인공 환경에서는 큰 소리가 작은 소리들을 모두 먹어 버린다. 가만히 눈을 감고 듣지 않으면 듣지 못한다. 7차 교육 과정 안에도 계절이나 자연을 느끼는 내용이 많다.

이 가운데 비가 내릴 때가 자연 감성을 살리기 참 좋다. 스산하다, 춥다, 쌀쌀하다, 시원하다, 차갑다, 따듯한 국물, 옛 애인, 추억 등의 말들이 떠오른다. 아이들도 마찬가지다. 비가 오면 교실 안에서 다른 날보다 더 들떠 막 떠들고 뛰어다닌다. 비가 오면 아이들 감성이 살아나서 더 움직이고 싶고 몸으로 느끼고 싶은 충동이 일어난다. 이런 충동을 교실 안에 가두어 놓으니 더 산만할 수밖에 없다.

우산을 쓰고 밖에 나가 스탠드 아래 앉았다. 눈을 감고 빗소리를 들었다. 교실에서 보면 그냥 비인데 직접 나가 가까이서 들으면 다른 소리들이 들린다. 먼저 폭포라는 말이 나왔다. 스탠드 뒤 구멍에서 빗물이 모여 쏟아지는 소리가 평소보다 훨씬 크게 들렸다. 스탠드 지붕에 떨어지는 빗소리는 또 달랐다. 하늘에서 내리는 빗소리, 스탠드 지붕에서 나는 빗소리, 구멍에서 모여 떨어지는 소리, 땅바닥에 떨어지며 부딪히는 소리 등이 다르다고 했다. 요즘 국어 단원에서 흉내 내는 말을 계속 배우고 있다. 남이 만든 소리, 책에서 읽은 소리보다 중요한 게 소리가 만들어지는 과정을 체험하는 것이다. 상황이나 사물을 보고, 듣고, 느끼고 자기 직관에 근거해 소리를 만들어 보는 것이다. 또 물건, 상황, 장면, 그림 등을 보고 떠오르는 낱말과 문장을 만들어 보는 것도 직관을 되찾는 데 참 좋다.

앉아서 듣다 우산을 쓰고 운동장으로 나갔다. 나갈 때 한 명씩 가도록 했다. 끝내는 삼삼오오 모여 다니기도 했지만 일단 혼자 느껴 보도록 했다. 바로 앞에서 보고 듣는 소리와 직접 밟아 보고 맞아 보는 것은 또 다르다. 우산을 쓰지 않고 맨발로 막 뛰게 하고 싶었지만 3교시 수업인 데다 감기 걱정이 되어 이 정도로 끝냈다. 다음에는 마지막 시간에 맨발로 비가 온 길을 걸어 볼 작정이다. 운동장에 만들어진 웅덩이 속으로 뛰어드는 아이들도 있었다. 신발을 신은 채로 막 들어갔다.

교실에 들어와 자기 느낌을 글로 적었다. 글감은 '비'이다. 제목은 저마다 정한다. 저학년은 글감과 제목도 구별하지 못하는 경우가 많다. 글감은 요리로 말하면 재료라고 했다. 오징어라는 같은 재료로 어떤 이는 오징어볶음을, 어떤 이는 오징어회를 만들 수도 있다. 똑같이 비가 글감이라도 아이들 저마다 강하게 느낀 장면이 다르다. 빗소리를 들을 때, 폭포 소리가 날 때, 웅덩이에 들어갈 때 등 저마다 다른 제목을 붙일 수 있다고 이야기했다. 아이들 가운데 "시로 써요? 일기처럼 써요?" 이렇게 묻는 아이도 있었다. 자기가 느낀 대로, 쓰고 싶은 대로, 쓰고 싶은 만큼 쓰라고 했다. 한두 명 발표를 시키니 이런 질문이 없어졌다. 마지막으로 다 한 친구들은 그림도 그려 보라고 했다. 또 아침 자습할 때처럼 떠오르는 낱말도 적어 보라고 했다. 한마디로 나타내기도 했다. 자기 스스로 만든 흉내말, 빗대어 나타내기가 꽤 새로웠다. 나온 예를 정리해 보았다.

- '비'를 글감으로 쓴 글

우산을 쓰고 걸으니까 바닥에서 축축축축 소리가 났다. 우산에서는 두두두두두두 소리가 났다.(심은지)

첨벙첨벙 바지가 다 젖었다. 다음에도 다시 하겠다.(민윤식)

우산을 쓰고 물웅덩이에 신발을 담갔다. 얼음에 신발이 끼인 것 같았다. 추웠다.(천재범)

빗방울이 꼭 구슬 같았다.(이복희)

난 눈을 감고 비 상상을 하였다. 비는 폭포이다. 왜냐하면 그 비는 소리가 푸시시 그런 소리가 나서이다. 비를 맞을 때 너무 차가워서 추웠고 비는 원을 만들어서 신기하다.(황재희)

빗소리는 주루룩 주루룩 싹싹 주루룩주루룩 싹싹.(방민화)

빗소리는 두두두두 소리가 나고 걸을 때는 착착착착 소리가 났다.(박민)

• 떠오르는 낱말

보석, 지도, 시냇물, 물웅덩이, 시냇물, 차갑다, 홍수, 바다, 공룡, 바늘, 모래

• 한마디로 나타내기

바닥이 보석 같다. 뭐가 쌩 지나간 것 같다. 시냇물 같고 차갑다. 바지가 젖었다. 공룡 같았다. 지도를 보았다. 빗방울이 날 막 치는 것 같다.

4월 30일(화) 발바닥이 얼얼하네

어제에 이어 오늘도 비가 왔다. 원래 계단에 그림 그리기를 해야 하는데 비가 오니 어쩔 수 없다. 어저께 국어 시간에 본 연극 〈내 친구 플라스틱〉 감상 그림을 그려 실물 화상기에 놓고 발표를 했다. 아이들도 아주 자세히 기억하고 있었다. 민주는 정말 신나게 이야기했다. 그만큼 재미가 있었나 보다. 다모임이 끝나고 알림장을 쓰고 부랴부랴 운동장으로 나갔다. 비 온 날 함께 놀아 보는 체험을 했다. 안개가 잡힐 듯 말 듯 남한산 학교를 둘러싸고 있다.

정글짐 옆에 물이 고여 있었다. 먼저 나간 아이들은 벌써 우산을 물속에 넣어 장난을 치고 있었다. 윤식이는 신발을 신은 채로 물속에서 첨벙거리고 있었다. 민식이, 재윤이는 옆에서 고민 중인 것 같았다.

내가 먼저 신발과 양말을 벗어 놓고 물속으로 들어갔다. 생각보다 차가웠다. 다른 아이들도 덩달아 신발과 양말을 벗고 들어왔다. 다른 쪽에는 물이 고여 진흙처럼 된 곳도 있었다. 얼른 뛰어가서 비빔밥을 비비듯 발바닥으로 흙을 모았다. 발가락 사이를 비집고 들어오는 흙의 느낌이 아주 좋았다. 발바닥에 닿은 부드러움과 운동장 흙에서 닿는 거칠거칠함도 시원하게 느껴졌다.

한참을 아이들과 함께 뛰어놀았다. 아이들은 바지를 걷은 내 다리에다 흙을 묻히고 발등에 흙을 덮느라 정신이 없었다.

팔을 걷어 달라는 아이, 바지를 걷어 달라는 아이, 우산 좀 들고 있으라는 아이, 재잘재잘거리는 소리가 빗소리인지, 아이들 소리인지, 산에서 들려오는 안개 소린지 구별이 되지 않았다. 그 속에서 마냥 놀고 있었다. 급식 시간이 되어 좀 아쉬웠지만 수돗가에서 아이들과 함께 발에 묻은 흙을 씻는 기분이 참 정겨웠다.

우리 학교 옆으로 냇가가 흐른다. 남한산의 가장 아쉬운 점은 물이 적다는 것이다. 그 냇가로 물이 많이 흘러 흙장난 하고 바로 씻으면 얼마나 좋을까? 옛날에 김천의 직지사에 갔을 때다. 그 큰 절 구석구석에 졸졸졸 흐르는 물길에 감탄한 적이 있었다. 우리 학교 안에도 작은 물길이 있으면 좋겠다. 맨발로 놀다, 손으로 흙장난하다 그냥 흐르는 물에 씻으면 그만일 것이다. 물은 적지만 옆으로 흐르는 냇가라도 잘 다듬으면 좋겠다.

민겸이를 산성역까지 데려다 주느라 운전을 하는데 발바닥이 너무 시원했다. 손바닥도 흙을 만져서 그런지 거칠거칠하면서 시원하다. 또 내려가는 산성길이 환상이었다. 구불구불 산길을 안개가 싸고 돌았다. 안개 속을 헤치고 다니는 사람이 바로 나다.

아이들도 집에 가면서 이런 느낌을 가질 것이다.

숲 속에 찾아온 두꺼비 손님

5월 8일(수) 집 공부를 시작하다

지난주에는 어린이날 놀이마당, 벽화 그리기, 개교기념일 등이 있어서 특별활동을 주로 했다. 이번 주부터는 5월 공부를 시작한다. 큰 주제는 '집'으로 잡았다.

3월에는 봄, 4월에는 몸을 공부했다. 몸을 공부하면서 5월에는 집을 공부하고 직접 지어 봐야겠다는 생각을 했다. 몸이 사는 곳은 집이다. 5월에는 아무래도 어버이날, 어린이날 등이 있어서 가족이나 가정에 대한 주제가 맞을 것이다.

국어는 꾸미는 말을 알고, 찾고, 쓰는 내용이다. 즐거운 생활은 '즐거운 우리 집'으로 가정에 관한 대주제 학습을 하도록 되어 있다. 슬기로운 생활은 '나의 하루 생활'로 하루 동안의 변화 모습을 관찰하는 내용이다. 바른 생활은 '잘 씻어요'로 몸의 위생에 관한 부분이다. 집 공부를 하면 어느 정도 교과와의 관련성도 유지할 수 있다.

첫 시간에 먼저 《집짓기》(홍성찬 그림, 보림)라는 책을 보여 주었다. 내용은 읽어 주지 않고 실물 화상기에 비추어 움집, 초가집, 기와집의 모양을 설명해 주었고 주로 기둥의 모양과 뼈대의 모양을 보여 주며 설명했다. 아이들은 온갖 질문을 했다. 움집과 기와집의 모양은 만들 수 있을 것 같았다. 우선 뼈대를 만드는 일을 해 보아야겠다. 기둥, 보, 도리, 마룻대, 서까래 정도만 알면 집 뼈대는 만들 수 있을 것이다.

다음으로 집이라 써 놓고 브레인스토밍을 했다. 뼈대, 벽돌, 시멘트, 나무, 페인트, 일꾼, 식구, 계단, 문(창), 지붕, 풀, 꽃, 냉장고,

엘리베이터 등이 나왔다.

이어서 밖에 나가서 나무 블록으로 집 뼈대 만들기를 했다. 나름대로 아이들은 기둥을 세우고 지붕을 만들었다. 기둥은 쉽게 세웠는데 지붕을 만들 때 좀 어려워했다. 네 기둥 위로 지붕을 올리려 하니 쉽게 나무 블록을 댈 수 없었다. 아마 처음에 집을 만들 때도 지붕을 어떻게 처리할지가 큰 고민이었을 것 같았다. 그래서 대들보, 서까래, 마룻대, 도리란 말도 나왔나 보다. 지붕과 기둥의 모양이 나온 그림을 크게 복사해서 아이들과 다시 볼 생각이다. 그리고 다시 나무젓가락과 끈을 이용해서 집 뼈대를 세울 생각이다.

벽 처리를 어떻게 할지도 아이들은 난감해 했다. 시멘트를 이용하거나 나뭇가지를 주워서 뗏목처럼 끈으로 잇거나, 황토 벽돌을 찍거나 할 작정이다.

마지막에 집을 만들어 보는 과정까지 진행하면 참 재미있을 것 같았다. 잘 될까?

5월 9일(목) 평면과 입체의 조화

평면은 평면 나름내로, 입체는 입체 나름내로 가치가 있나. 아이들도 너무 평면으로 몰고 가거나, 입체로만 몰고 가면 지루해 한다. 양쪽을 함께 진행하는 수업이 얼마나 삶에 큰 영향을 주는지

새삼 깨달은 날이다.

어제 집 공부를 했다. 《집짓기》라는 책을 오늘 다시 보여 주었다. 이번에는 어제와 달리 뼈대를 중심으로 다시 보았다. 그리고 나무젓가락과 끈을 가지고 뼈대 만들기를 했다. 먼저 끈 묶는 방법을 가르쳐 주었다. 나무젓가락 하나를 주고 끈으로 여러 군데 묶는 연습을 했다. 그리고 나무젓가락 세 개를 주고 엑스 자로 묶어서 기둥을 세웠다. 아이들은 움직이는 나무젓가락에 어쩔 줄 몰라 힘들어 했다. 그래도 아이들은 두 시간 동안 꼬박 앉아서 묶고 세우는 일에 빠져들었다.

마침내 민주는 집 모양을 완전하게 완성했다. 중간 놀이 시간까지 밖에 나가지도 않고 두 시간 반을 내어 기둥, 보, 도리, 마룻대를 완성해 내는 모습이 너무 대견했다. 나머지 아이들은 완전한 형태는 아니지만 그런대로 뼈대를 이해하게 되었다.

중간 놀이가 끝나고 아이들을 나무 블록 쌓기 마당으로 데리고 나갔다. 어저께 아이들은 지붕 만드는 일을 힘들어 했다. 오늘은 교실에서 기둥, 보, 도리, 마룻대를 다시 보고 나무젓가락으로 만들어 보았기 때문에 뭔가 다르게 만들 것이라 생각했다. 생각한 대로 아이들은 모둠끼리 기둥 네 개를 세우고 보와 도리를 만들어 냈다. 그리고 지붕을 씌웠다. 지붕 만들 때도 훨씬 쉽게 해냈다.

다 만든 다음 아이들을 마당 밖으로 내보내서 앉혔다. 그리고 만든 집을 가지고 뼈대를 다시 살펴보았다. 거꾸로 마룻대를 걷어내고 보와 도리를 빼내고 기둥을 치웠다. 아이들과 함께 기둥, 보, 도리, 마룻대를 다시 만들었다. 모둠마다 이렇게 세우고 해체하는 연습을 했다. 대부분의 아이들이 뼈대에 대해 대강 이해하는 듯

했다.

그냥 교실에서 책 보고 설명하고 그리는 평면적인 방식만 썼다면 아마도 아이들은 집 모양과 뼈대에 대해 자세히 알지 못했을 것이다. 나무토막으로 뼈대를 만들고 나서는 제대로 집의 모양을 이해하게 되었다.

교실에 들어와서 종이를 나누어 주고 오늘 배운 뼈대를 그려 보라고 했다. 그림 속에는 확실히 보, 기둥, 도리, 마룻대가 나타나 있었다. 입체 활동은 그만큼 아이들의 이해를 높인다. 내일은 찰흙과 나무젓가락을 이용하여 집 모양도 만들고 찰흙 벽돌도 만들어 벽도 채워 볼 생각이다.

즐거운 생활 지도서에 보면 지도 과정을 준비, 탐색, 활동으로 제시하고 있다. 자기가 알고 있는 것을 평면으로 먼저 나타내 보고, 나무젓가락으로 뼈대 만들기나 나무토막 쌓아 보기를 통해 입체로 표현해 보고, 다시 교실에서 평면 도화지에 표현하는 과정이 바로 탐색이다. 자기가 알았던 사실, 입체 활동을 통해 새롭게 안 사실, 새롭게 안 사실을 다시 평면으로 나타내는 과정이 바로 탐색이다.

특히 입체 활동이 빠지면 추상과 간접 체험으로 끝날 가능성이 많다. 평면과 입체의 조화는 아이들의 삶에 파고들어 깊은 인상을 준다. 아마도 아이들은 앞으로 집을 보면 뼈대를 생각하게 될 것이다. 마지막에 움집과 초가집 정도를 만들어 보면 훨씬 강하게 아이들 삶 속에 녹아날 것이다.

오후에는 대교 방송국에 다녀왔다. 모세와 모세 어머니도 함께 출연했다. 동화 작가가 되고 싶은 아이들에게 해 주고 싶은 말에 관한 내용이었다. 모세는 처음엔 떨더니 실제 녹화할 때는 너무 잘했다. 말하는 모습을 보니 참 대견스러웠다. 프로그램 제목은 〈책이랑 쑥쑥〉이고, 5월 마지막 주에 세 번 정도 방영된다고 했다.

앞으로 수업할 때 꼭 입체로 나타내 보는 과정을 두려고 한다. 입체는 안 보이는 곳까지 볼 수 있게 해 준다. 내 삶의 뼈대는 무엇이며 삶은 무엇인지도 생각한 하루였다. 또 내 삶은 평면에 가까이 있는지 입체에 가까이 있는지도 생각했다. 평면에 가까우면 실천은 없어지고 공상으로 끝나기 쉽다. 실천은 없고 머리로 생각만 하기 쉽다. 입체는 내 모습을 멀리서 내려다볼 수 있게 하고 생각만으로 끝나지 않고 실천으로 이어 가게 해 준다. 입체의 삶을 늘 곁에 두어야겠다. 지나치게 평면적인 삶을 아이들에게 강요하진 않았는지도 고민하는 하루였다.

5월 10일(금) 멋진 찰흙 집

어제께 완성하지 못한 나무젓가락으로 만든 뼈대 집을 과제로 해 온 아이들이 많았다. 부모님이 도와주셨겠지만 뼈대의 모양이 모두 있었다. 아이들이 기둥, 보, 도리, 마룻대를 알지 못하면 비슷한 집 모양이 나올 수 없다. 만들어 온 집 뼈대를 보며 '서까래'도 가르쳐 주었다. 마룻대와 도리 사이를 잇는 뼈대를 '서까래'라고 한다고 말해 주었다. 기둥을 고정시키는 방법도 여러 가지가 나왔다. 윤식이는 두꺼운 종이로 지붕까지 덮어 왔다. 다음에는 색종이를 이용해서 벽을 붙여 보아야겠다. 만들어 온 작품은 교실 뒤에 전시해 놓았다.

수학을 마치고 3, 4교시에 집 만들기를 이어 갔다. 오늘은 찰흙으로 집 뼈대를 만들었다. 찰흙, 빨대, 나무젓가락을 이용하여 만드는 아이들이 많았다. 야외 교실이어서 작은 나뭇가지를 주워서 뼈대로 이용하는 아이들도 있었다. 나무와 나무를 연결하는 방법은 여러 가지가 있을 수 있다. 어제는 끈을 이용했는데 오늘은 찰흙을 이용한 것이다. 과제로 해 온 집에도 여러 가지 연결 방법이 보였다. 고무줄, 끈, 테이프 등이었다.

진흙은 주로 주춧돌처럼 이용했다. 영주는 뼈대도 만들고 찰흙으로 벽돌을 만들어 벽을 완성했다. 뼈대가 흔들리는 아이들은 어떻게 고정시킬까를 고민하고 있었다. 채연이와 영주는 점심도 안 먹고 집을 완성하겠다고 성화를 했다. 재완이는 집을 만들고 나뭇잎에 애벌레를 가져와서 손님이 왔다며 좋아했다.

아이들은 집을 만들 때의 어려운 점을 스스로 느끼고 있었다. 지붕을 만들 때, 나무와 나무를 연결할 때, 연결된 기둥, 보, 도리가 흔들리지 않고 서 있게 만들 때, 벽 꾸밀 때가 어렵다는 것을 알게 되었다.

다음 주에는 바닥에 기둥을 고정하고 뼈대 만들기와 벽 만들기를 해 보고, 뒷산 놀이터에 움집을 지어 볼 작정이다.

5월 11일(토) 목표, 허용, 지속성

어제 저녁 국어 교과 모임에 갔다. 매주 금요일 저녁 여섯 시에 모여 시 공부를 하고 있다. 이번에는 사무실을 벗어나 모닥불과 산이 있는 찻집에서 모이기로 했다. 퇴계원에서 의정부 방향으로 가다 보면 왼편에 '역마차'라는 찻집이 나온다. 통나무로 쌓아 담을 만들고 가운데 모닥불을 피웠다. 몇 년 전에 가 본 뒤 처음이었다.

모닥불에 둘러앉아 이야기 나누는 것도 색달랐다. 처음에는 연기만 피어오르던 모닥불 안에서 장작이 실컷 몸을 불사르고 나더니 붉은 숯이 되어 활활 타올랐다. 어느 정도 무르익어야 제대로 자기 몫을 하게 되나 보다. 연기가 피어오른 뒤에야 제대로 따스한 온기를 내뿜는 모닥불처럼 말이다.

두 선생님이 준비한 시 지도 과정을 들었다. 이야기하면서 이런 생각이 들었다. 체험을 할 때 교사가 어떤 목표를 갖느냐가 중요하다. 모래 놀이, 산책, 비를 맞으며 등을 할 때 교사는 나름대로 자기 목표가 있어야 한다. 즐겁게 노는 그 자체가 목표일 수도 있다. 체험 속에서 놀이 그 자체로 가는 것인지, 색 공부로 가는 것인지, 만들기로 가는 것인지가 확실해야 질적으로 다른 체험이 나온다. 그냥 나가서 놀다 보면 집에서 노는 것이나 교사하고 노는 것이나 다를 것이 없다. 수업이란 원래 교사, 아동, 제한된 시간을 형식으로 갖고 있다. 다만 교사의 목표가 있어도 소수 아이들은 자기 나름의 자유를 누리고 싶어 한다. 억지로 시킬 것이 아니라 흥미가 없어 다른 것에 매달리는 아이는 허용해야 한다고 본다. 교사가 가진 목표만큼이나 허용도 중요하다.

산으로 산책을 갈 때는 좋은 공기를 마시며 그냥 오를 때, 올라가며 나뭇잎을 주워 색 별로 나누어 관찰할 때, 산에 올라 흙을 모양에 따라 구분할 때, 자연물을 주워 그대로 그릴 때, 관찰한 내용을 시로 적을 때 등 확실한 목표와 계획이 있어야 한다. 계획 없는 체험과 자유는 아이들을 산만하게 만들 가능성이 높다.

또한 아이들과 생활하면서 한 시간의 목표에 너무 얽매이면 안 될 것 같다. 적어도 한 달 활동의 목표를 알아야 한 시간, 두 시간의 의미도 생긴다. 교육은 지속성을 가져야 아이들 삶에 영향을 미친다. 아이들이 조금 힘들어 한다고 그만두거나 아이들의 흥미에만 너무 치우쳐도 안 된다. 공부의 맛이란 처음부터 즐겁게 배우는 경우도 있지만 참고 이겨 내 얻어지는 기쁨도 크기 때문이다.

목표, 허용, 지속성을 가진 활동이 있어야 한다. 그래서 교과 수업도 가능하면 통합을 지향한다. 아침 자습 활동도 꾸준히 한 달 이상 해야 효과가 나타난다.

오늘 학교에서는 읽기 시간에 류재수 화백이 쓰고 그린 〈백두산 이야기〉를 읽어 주었다. 그리고 화선지 A4 종이 4분의 1 크기에 백두거인이 살아난다면 어떻게 될 것인가에 대하여 그려 보라고 했다. 책에서는 백두거인이 가뭄 때 나타나 도움을 준다. 백두거인이 어떤 때 나타나 도움을 줄 수 있을까 상상해 보는 것이다. 이때도 다른 것을 하고 싶어 하는 아이들이 나온다. 백두거인이 흰 호랑이나 학으로 변하는 모습을 그리겠다고 했다. 또는 다른 동물로 변하는 모습도 그리고 싶어 했다. 당연히 허용될 문제였다. 나온 글과 그림을 보니 백두거인이 산으로 누워 백두산으로 변한 모습을 신기해 하는 내용이 많았다.

4교시 재량 시간에는 이번 달 생일잔치와 한솥밥 먹기를 했다. 두 번째 하는 것이어서 아이들이 준비물도 잘 챙겨 오고 잘 비벼 먹었다. 네 명이 생일이었는데 가벼운 두 여자아이를 한꺼번에 업어 주었다. 난 아이들을 업어 줄 때가 가장 좋다. 이 행사도 1년을 꾸준히 해야 아이들 속에 느낌으로 남는다.

요즘 전체 학예회를 한다고 한 반에 두세 명씩 뽑아 준비를 하고 있고 아이들 작품도 전시한다고 한다. 난 이런 일회성 행사보다 먼저 학급에서 자유롭게 준비된 내용을 전시할 공간, 모든 아이들이 참여하는 학급 행사의 자율적 시도들이 더 중요하다고 본다. 전체 행사에 참여하는 아이들은 아이들대로 열심히 하고 난 나대로 우리 반 아이들에게 최선을 다하는 길밖에 없다. 아무리 내용이 좋더라도 자발성이 떨어진 활동은 부작용이 훨씬 많다. 조금씩 스스로 변하는 모습을 보아주고 기다려 주고 북돋아 줄 줄 알아야 한다.

5월 13일(월) 움집을 만들다

오늘은 뒷산 놀이터에 움집을 만들기로 했다. 모형도 여러 번 만들었고 나무 블록으로 집 모양도 꾸몄다. 실제로 집을 지어 보는 일만 남았다.

아침에 학교에 오자마자 창고에서 삽, 괭이, 톱, 망치, 못, 끈을 찾아 모았다. 먼저 기둥으로 쓸 나무를 잘랐다. 새집을 만들기 위해 사 놓은 각목을 비슷한 크기로 잘랐다.

아이들을 데리고 뒷산 놀이터로 올라갔다. 예전에 아이들이 파 놓은 구덩이를 그대로 사용하기로 했다. 여러 구덩이가 있었는데 그 가운데 가장 큰 구덩이를 그대로 사용했다. 아이들에게 나무를 주워 오라고 했다. 내가 준비한 각목보다 훨씬 좋은 나무들이 있었다. 나무 네 개를 기둥으로 썼다. 땅을 파고 나무를 박았다. 아이들은 옆에서 괭이로 기둥 옆에 흙을 덮었다. 돌을 주워서 넣기도 했다. 고깔 모양처럼 가운데로 기둥을 모아 끈으로 묶었다.

아이들은 그 사이 작은 나뭇가지들을 주워서 끈으로 묶고 있었다. 뗏목을 만들 듯이 묶어 보라고 했다. 나중에 벽 부분을 나뭇가지 묶은 것으로 덮을 생각이었다. 소영이와 이향이 모둠이 만든 나무 묶음은 정말 쓸 만했다. 기둥 위에 나무 묶음을 걸었다. 근사했다. 모든 면을 완성하지는 못했다. 비슷한 나뭇가지를 구하기 쉽지 않았고 아무래도 아이들이 묶는 것에 익숙하지 못했다.

기둥이 다 세워진 다음에는 구덩이 안을 좀 더 넓게 파고 작은 나뭇가지들을 깔았다. 그리고 나뭇잎과 덤불을 넣어 푹신푹신하게 만들었다. 벌써 아이들은 들어가 놀고 있었다. 좁게 앉으니 여섯 명 정도가 들어갔다. 다른 아이들 몇 명은 옆에서 아주 작은 가지로 움집을 또 만들고 있었다. 작은 가지로 만든 움집도 제법 틀을 갖추고 있었다. 내일은 나뭇가지 묶음을 더 만들어 벽을 완성할 생각이다.

교실에 들어와서 우리가 만든 움집을 그려 보라고 했다. 대부분 움집 틀을 그대로 그렸다. 그 안에서 노는 장면을 많이 그렸다. 만약 원시인들이라면 아마도 이렇게 지었을 것이다. 또 무인도 같은 곳이나 산에서 고립되면 이렇게 집을 지을 것이다.

내일 벽이 완성되면 즐거운 생활 영역을 마치고 집 주변의 변화에 대해서 관찰할 생각이다. 슬기로운 생활의 하루 변화 관찰과 관련지어 집 공부를 이어 가야겠다.

5월 15일(수) 숲 속에 찾아온 두꺼비 손님

어저께 선생님들과 함께 저녁을 먹었다. 얘기 도중 교장 선생님이 꽃마을반 아이들이 지은 움집을 보시고 지붕은 나뭇가지를 꺾어 덮으면 좋겠다는 말씀을 하셨다. 그렇지 않아도 겉을 어떻게 해야 좋을지 몰라 고민 중이었다. 원시인이라면 주변의 자연을 이용했을 터인데 잘 떠오르지 않았다. 나뭇가지를 꺾어 나뭇잎으로 덮으면 될 것 같았다.

오늘 아침, 아이들과 지붕을 어떻게 덮을지 이야기했다. 겉은 나뭇가지로 덮고 제주도처럼 돌을 묶어 내려서 고정을 시키자는 이야기를 했다. 역할도 나누었다. 돌을 주워서 끈으로 묶는 아이들, 나무를 꺾어서 옮기는 아이들, 돌을 주워 집 주변에 튼튼하게 쌓는 아이들 등으로 나뉘었다.

바로 뒷산으로 올라갔다. 낫으로 나뭇가지를 쳐 놓으면 아이들이 움집으로 옮겼다. 아이들은 신이 나서 움집에 나뭇가지를 갖다 놓고 곧장 되돌아왔다. 금세 나뭇가지가 모였다. 움집 위에 나뭇가지를 덮었다. 그리고 돌을 묶은 끈을 움집 맨 꼭대기 나무에 묶어 내렸다. 근사한 움집이 되었다.

아이들 몇 명이 움집 안에서 놀다 두꺼비가 나왔다고 소리쳤다. 너도 나도 모여들어 두꺼비와 놀았다. 움집에 찾아온 첫 번째 손님이었다. 두꺼비도 움집 안이 아늑해 보였나 보다.

집 이름을 지어 붙여야 하는데 팻말을 사용할까 깃발을 달까 고민이 되었다. 중간 놀이 시간에 고민하다 깃발을 만들기로 했다. 어저께 바자회 하고 남은 옷들이 생각났다. 남은 옷을 모아 놓은 과학실로 갔다. 하얀색 옷 네 벌을 찾아냈다. 3, 4교시에 아이들에게 나누어 주었다. 한 모둠에 하나씩 만들기로 했다. 아이들은 '꽃바람', '숲 속의 집', '두꺼비', '꽃마을' 집으로 이름을 지었다. 옷의 등 부분에 크레파스로 이름도 쓰고 상징하는 그림도 그려 넣었다. 나무 막대기에 걸어서 움집 옆에 꽂을 생각이다.

이렇게 하면 일주일 동안 공부하고 처음 지은 움집 공부가 끝난다. 이번 토요일 체험 활동으로 집 만들기를 해 놓았는데 움집에 이어 지붕 형태가 있는 집을 지어 보려 한다.

다음 주에는 집 주변에서 소꿉놀이와 음악적 요소가 중심이 되는 발표회를 열어 봐야겠다.

5월 22일(수) 개미도 한 식구

노트북을 어제 고쳐서 가져왔다. 며칠간 컴퓨터와 멀어지면서 느낀 여유도 있다. 그러하면 그러한 대로 받아들인다.

아침에 학교에 들어서니 아이들이 달려들며 소영이가 꽃을 땄다고 야단이었다. 어저께 다모임 시간에 교장 선생님이 학교에 있는 생명체를 괴롭히거나 따지 말라고 말씀하셔서 더 강하게 반응했다.

따사로운 햇살 아래서 차 한 잔 마시며 남한산의 푸르름과 새소리에 젖어 있는데 울음소리가 들렸다. 교실 앞에서 소영이가 엉엉 울고 있었다. 가까이 가서 물어보니 친구들이 놀렸다고 했다. 언니들이 '버섯돌이'라고 별명을 부르는데 친구들이 버섯이라고 놀려서 운다고 했다.

"오늘 버섯 먹은 사람?"

이렇게 부르며 소영이를 놀렸다고 했다. 꽃은 예뻐서 땄다고 했다. 소영이는 나름의 까닭을 항상 뚜렷하게 가지고 있다. 소영이를 무릎에 앉혀 놓고 차근차근 물었다.

"왜 버섯이라고 놀렸을까?"

언니들이 부를 때는 놀린 것도 아니고 기분도 나쁘지 않은데 친구들이 부른 것은 놀린 것임을 알고 있었고 기분도 나빴다고 했다. 친구들이 왜 놀렸을까를 물으니 모른다고 했다. 아침에 꽃을 따서 친구들이 놀린 것을 이야기해 주었다. 사회적 비난이라고나 할까?

소영이는 자기 생각과 언어력이 아주 뛰어난 아이이다. 반면에 친구들과의 관계 인식은 낮은 편이다. 한쪽이 강해지면 어느 한쪽은 기울어지는 경우를 많이 본다. 친구들이 왜 그랬을까도 생각해 보는 기회를 많이 주어야겠다. 놀린 친구들은 불러서 그러지 않도록 이야기해 주고 소영이 나름의 문제는 문제대로 따로 풀어가야 한다. 소영이 어머니와도 이런 이야기를 나눌 생각이다. 언어력과 직관력이 뛰어난 소영이가 주변 친구들과의 관계 인식도 잘할 수 있게 해 주고 싶다.

교실에 들어오니 아이들이 지난주에 만든 종이 집에 개미를 넣어 놓고 있었다. 나뭇잎 위에 개미를 놓고 집 속에 넣었다. 과자 부스러기를 밥으로 주고 있었다. 개미는 교실로 가져오지 말고 자기 집인 자연 속에 그대로 두라고는 했지만 늘 달팽이, 지렁이, 무당벌레, 개미를 친구처럼 생각하는 아이들이다.

아이들 집 속에 두꺼비, 개미, 달팽이가 함께 살아간다.

여름

바빠지면 전체를 강조한다

6월 3일(월) 부정도 긍정도 아닌 그냥 있는 대로

이틀 동안 푹 쉬었다. 그동안 여러 가지 하는 일에 동화 쓰는 일까지 겹쳐 2주 동안 너무 피곤하였다. 쉬면서 생각해 보니 '너무 급하게 가고 있구나.' 하는 생각이 들었다. 3월보다 훨씬 판단을 많이 하고 있으며 정리 정돈, 말씨, 친구 관계에 대해 지나치게 깊이 들어가 가르치고 있었다. 아이들의 속도를 인정하며 가려고 하지 않았던가. 다시 처음으로 돌아가야 한다. 바빠지고 지치면 여유가 없어지고 자꾸 내 기준으로 판단하게 된다.

오늘은 학교에 와서 그냥 편한 마음으로 아이들을 데리고 산책을 했다. 성곽까지 오르는데 제일 앞에 선 내 얼굴에 거미줄들이 걸렸다. 길이 막힐 정도로 자란 나뭇잎들이 정말 무성했다. 햇빛과 물만으로도 자연스럽게 자라는 나무들이다.

돌아와서는 내일 대회에 나가는 4, 5, 6학년 언니들의 국악 관현악 연주를 보았다. 가야금, 거문고, 해금, 피리, 대금, 장구로 이루어졌다. 세 달 공부하고 연주하는 모습이 참 대단해 보였다. 4, 5, 6학년 전교생이 참여하기 때문에 더욱 의미가 있다. 1, 2, 3학년은 장구와 민요를 배우고 있다. 이 또한 잘한다 못한다 쉽게 판단하기보다 그대로 봐줄 일이다. 교사 생활에서 처음으로 전교생이 참여하는 국악 관현악을 보고 있는 것이다.

중간 놀이를 하고 나서 옷에 관한 공부를 했다. 먼저 6월 공부의 큰 주제는 '옷'이라고 가르쳐 주었다. 브레인스토밍으로 공부 갈래와 내용을 정했다. 만들기(입어 보기, 바늘, 실), 옷 다루기(개기, 빨래), 디자인(색칠, 단청), 옛날 옷 알아보기, 인형극 하기, 인형 만들기

(입체 모양, 평면 모양) 등으로 정해졌다.

오늘은 먼저 평면 인형을 만들어 옷 입혀 보기를 했다. 자료실에서 두꺼운 도화지, 노랑·빨강·파랑 도화지, 찍찍이를 준비했다. 두꺼운 도화지에 사람 모습을 그리라고 했다. 그리고 찍찍이를 나누어주고 붙이라고 했다. 다음으로 윗옷과 아래옷을 만들어 찍찍이를 붙인 다음 평면 인형에 붙여서 옷을 입혀 보자고 했다. 아이들은 팔, 머리, 발까지 찍찍이를 붙여 가며 새롭게 몸 옷을 입혀 갔다.

찍찍이를 잘라 주느라 정신은 없었지만 아이들은 참 재미있게 참여했다. 집에서 옷 한 벌을 만들어 오기로 했다. 내일 아침에 찍찍이를 붙여 옷을 입혀 볼 작정이다. 또 반팔 옷을 뒤집어 실로 꿰맨 자리를 살펴보고 가져오라고 했다. 옷 만들 때 구조를 먼저 알아야 할 것 같았다. 내일은 가져온 옷의 실 자리를 살펴보고 구조도를 그린 다음 결합하여 종이로 옷을 만들어야겠다.

아침 자습 때 하는 낱말 공부도 새롭게 시작한다. 가정에서 쉽게 볼 수 있는 물건을 중심으로 낱말 익히기를 한다. 내일은 칫솔을 하기로 했다. 집에서 칫솔을 가져와서 낼 수 있는 소리, 모양, 색깔, 하는 일 등을 살펴보고 칫솔이란 글자를 쓴다. 낱말 카드를 나누어 주어 앞에는 그림, 뒤에는 글씨와 떠오르는 낱말을 적어 보게 해야겠다.

3월처럼 너무 급하지 않게 편안한 상태에서 아이들을 만나야겠다. 여러 가지를 연구해서 가르치는 일보다 일을 줄이고 넉넉한 마음으로 아이들을 대하는 것이 더 중요하다.

6월 4일(화) 종이로 만든 반팔 옷

집에서 반팔을 가져오라고 했다. 어저께 만든 평면 인형과 옷 입히기에 이어 반팔 만들기를 했다.

먼저 가져온 반팔을 꺼내 놓고 실로 꿰맨 자리 살피기를 했다. 옷을 뒤집어 보면 금방 알 수 있다. 꿰맨 자리를 보면 전개도를 알 수 있다. 몸과 집 공부할 때도 그랬지만 전체 구조를 아는 것이 중요하다. 전체 뼈대를 알면 부분과 결합하여 공부할 수 있다. 겉모습만 보지 않고 속도 보게 되는 눈을 기를 수 있다.

팔 부분, 몸통 부분, 몸통 끝 부분이 실로 처리되어 있었다. 종이로 몸통, 팔을 그리도록 했다. 실로 꿰맨 자리는 테이프로 붙여서 완성했다. 팔 두 개, 몸통 앞뒤를 도화지에 그리고 잘라서 붙였다. 다 붙인 다음에는 자기 옷처럼 색칠도 했다.

처음에는 틀리게 만드는 아이들도 있었다. 몸이 들어갈 부분을 테이프로 붙인다든지, 팔이 들어갈 부분을 테이프로 붙이는 경우도 있었다. 앞뒤를 색칠하지 않고 앞만 색칠하는 경우도 있었다. 입체 인형을 만드는 과정이 들어가면 이런 일이 없을 것 같다. 신문지를 이용해서 입체 인형을 만들어 놓고 종이 옷 만들어 입히기를 하면 될 것 같다. 부분과 전체의 조화 속에서 옷이 만들어짐을 알 수 있다. 맨 나중에는 천을 직접 디자인하여 자르고 꿰매서 만드는 과정을 해 보면 좋을 것 같았다.

내일은 반바지를 가져오라고 했다. 반바지를 관찰해 보고 종이로 만들어 보아야겠다.

6월 5일(수) 다양한 확대

어제 종이로 반팔을 만들어 본 다음 과제를 냈다. 집에서 한 벌을 더 만들라고 했는데 오늘 해 온 것을 보니 예상한 것보다 훨씬 다양하게 잘 만들어 왔다.

한지를 이용해서 만든 아이, 테이프 대신 실과 바늘을 이용한 아이, 못 쓰는 옷을 잘라서 직접 실과 바늘로 작은 반팔을 만들어 온 아이, 크게 만든 아이 등이 있었다. 만든 옷을 보니 거의 바느질 선을 잘 살리고 있었다. 소영이는 직접 천으로 만들었는데 팔을 붙일 때만 어머니가 도와주고 나머지는 자기가 다 바느질을 했다며 흡족해 했다.

오늘은 어제에 이어 반바지를 가지고 와서 관찰하고 만들어 보았다. 어제에 견주면 아이들이 실선을 훨씬 잘 찾아내고 능숙하게 만들어 나갔다.

처음에 반바지를 뒤집어 놓고 실선을 찾은 다음 공책에 전개도를 그려 보도록 했다. 자기가 종이로 만든다면 몇 조각이 필요할지도 생각하면서 그려 보라고 했다. 실선은 다른 색깔로 표시했다. 보통 네 조각 정도가 필요했다. 주머니도 궁금해 했다. 어떻게 만들었을까 실제 반바지 주머니를 보라고 했더니 다 만들고 나서 주머니는 나중에 만들어 붙이면 된다고 했다. 실제로 반바지를 다 만든 다음, 하고 싶은 아이는 색칠과 함께 주머니도 만들어 달았다.

옷의 구조에 대해서는 어느 정도 이해한 듯했다. 아이들을 보니 작은 인형에다가 벌써 자기가 만든 종이 옷을 입히는 아이들이 있었다. 다음, 시간에는 한복의 구조를 알고 만들어 보면 좋겠다.

과제로 집에서 반바지를 한 번 더 만들어 보라 했으니 아이들은 다양한 확대를 할 것이다. 그 속에서 새로운 공부 내용들도 찾아봐야겠다.

요즘 아침 자습으로 주변에서 볼 수 있는 물건의 낱말을 익히고 있다. 오늘은 비누였다. 비누를 가지고 와서 소리도 내 보고, 냄새도 맡고, 만져 보기도 했다. 어제의 칫솔에 비하면 훨씬 다양한 예를 들고 있었다.

이와 함께 책 읽기도 병행하고 있다. 마지막 한 시간 동안 읽은 책을 나에게 이야기해 주는 시간을 가졌다. 아이들은 몸을 비틀기도 하고 뭔가를 만지면서도 자기가 읽은 내용을 잘 이야기했다. 민진이와 은지도 서툴지만 글자를 익히며 재미있게 이야기했다.

책 읽기, 삶의 체험, 쓰기가 통합적으로 이루어지길 바라며 가르치고 있다. 1년간 지속적으로 진행해야겠다.

6월 8일(토) 바늘! 이렇게 조용한 적이 있던가?

체험 학습 날이다. 바늘과 실을 이용하여 직접 옷을 만들었다. 종이로만 반팔과 반바지를 만들었는데 오늘은 천, 바늘, 실을 이용하여 만들었다.

처음에는 1학년 아이들이 바늘과 실을 제대로 사용할까 걱정도 했다. 실제로 해 보니 너무나 잘했다. 바늘에 실 꿰는 방법, 매듭 짓는 방법, 홈질하는 법을 설명했다. 종이에 설계도를 그리고 천에 대고 그린 다음 가위로 오려 냈다. 앞뒤가 잘 맞지 않아 다시 잘라 주는 경우는 있었지만 그런 대로 잘해 나갔다.

문제는 바느질이다. 바늘에 실을 넣을 때부터 힘들어 했다. 유치원 때 경험한 아이들은 쉽게 만들어 갔다. 실을 넣는 것도 몇 번 해 주니 금세 따라했다. 마지막 매듭짓는 것만 내가 여러 번 해 주었다.

아이들은 생각 이상으로 너무 조용했다. 침묵이 흘렀다. 아이들을 만난 이후 한 명도 이야기하지 않고 자기 하는 일에 모두 스스로 집중한 것이 처음이다. 참 신기했다. 작년 계절 학교 때 날카로운 창칼로 서각을 하던 고학년 아이들이 쥐 죽은 듯이 조용했던 일이 떠올랐다. 바늘이 주는 긴장감이 대단했다.

수업을 하면서, 만든 결과물보다 과정이 중요함을 깨달았다. 아이들에게 완성하지 못해도, 망가져도 걱정하지 말라고 했다. 틀리면 집에서, 나중에 학교에서 한 번 더 해 보면 된다고 했다. 실제로 자기 일에 이렇게 집중하는 것만으로도 큰 공부가 되었다. 완성한 아이는 서너 명 정도밖에 안 되었지만 수업 효과는 어느 때보다 높았다.

개구쟁이 동현이는 나와 만난 이후 처음으로 두 시간 동안의 집중력을 보였다. 중간 놀이 시간에도 나가지 않고 자기 바지를 완성했다. 그리고 하는 말이 "선생님 왜 이렇게 쉬는 시간이 짧아요?"였다. 30분이란 시간이 그렇게 빨리 갔나 보다. 은지도 마찬가지였다. 만든 작품은 앞뒤를 모두 꿰매서 펼 수는 없었지만 바느질한 결과를 보니 너무 정성 들여 해냈다. 그것이면 된 것이다.

마지막 시간에 생일잔치 겸 한솥밥 먹기를 했다. 세 번째 하는 것이라 물 흐르듯 아이들이 잘 해냈다. 오늘은 여러 가지로 조용한 가운데 수업이 진행된 날이다.

6월 11일(화) 개구리 짝짓기, 또 다른 생명력

어제 오후부터 비가 내렸다. 굵은 비도 아니고 보슬비도 아닌 것이 꾸준히 내렸다.

난 아침에 학교에 오면 재스민 차를 마시며 뒷산을 바라본다. 하늘은 구름 없이 안개가 살짝 껴서 흐릿했다. 하늘이 흐릿해지면 나무 색은 더욱 선명해진다. 그저 바라보는 것만으로도 차분해진다. 눈부신 햇살, 맑은 하늘, 또렷한 구름보다 흐릿한 이런 날이 난 좋다.

뒷산과 우리 학교 뒷마당 사이에 작은 도랑이 있다. 늘 나뭇가지나 흙이 살짝 깔려 있는 곳에 물이 고였다. 흙까지 섞여 그냥 보면 속이 잘 안 보인다. 자세히 보니 개구리들 세상이었다.

이 많은 개구리들이 어디서 나왔을까? 대부분 짝짓기를 하고 있었다. 흐릿한 하늘을 바라보듯이 조용히 개구리들을 내려다보았다.

한 개구리 등허리에 올라탄(아니 꼭 껴안고 있는) 또 다른 개구리는 정말 조용하게 있었다. 겉으론 조용하지만 또 다른 생명의 탄생을 위해 신성한 일을 하고 있는 것이다. 즐거움과 쾌감도 있겠지. 짝짓기가 끝날 쯤, 등에 탄 개구리는 뒷다리에 마지막 힘을 쏟는다. 뒷다리를 쫙 뻗는다. 그리고 바로 떨어져 나온다. 아래 있던 개구리는 온 힘을 다한 뒤 물속에 잠수하여 힘을 잃고 가만히 있다. 위에 있던 개구리는 뒷다리를 접지 못하고 둥둥 떠다닌다.

또 다른 개구리가 짝짓기를 하려고 하면 빨리 다른 곳으로 도망을 간다. 개구리도 두 번씩 짝짓기 하기는 쉽지 않은가 보다. 하긴 두 번을 이어서 한다면 그만큼 힘을 쏟지 않았다는 얘기겠지.

태어난 생명이 또 다른 생명과 만나 짝짓기 하고 생명을 잉태하는 것이 자연의 이치인가 보다. 아이들이 모였다.

"빨리 알 낳아."

아이들도 짝짓기를 하면 알이 나온다는 생각을 하고 있었다.

내가 날마다 보던 그 좁은 공간도 개구리들에겐 때론 생명을 탄생시키는 중요한 장소가 된다. 환경친화가 별것인가. 이런 환경에서 보고 자라면 자연스럽게 알게 되는 것이지.

난 그 장면이 경건해 보여 조용히 옆에 있었다.

6월 12일(수) 나무젓가락 인형

요즘 날마다 한 권씩 책 읽기를 하고 있다. 아침 자습 시간에 하고 있는 어휘 학습은 통합적으로 진행되어야 한다. 특히 말하기는 형식적인 말하기보다 비형식적인 말하기가 먼저 되어야 한다. 사람들은 일상적인 삶 속에서 수다 떨기는 잘한다. 하지만 형식적인 자리로 들어가면 자연스럽게 말하지 못한다. 이는 평소 말하기 교육이 전체 앞에서 지나치게 형식적으로 말하도록 하기 때문이다. 글쓰기도 마찬가지다. 삶을 자연스럽게 표현하는 것이 먼저 이루어져야 한다고 본다.

책 읽기도 이런 차원에서 진행하고 있다. 책을 읽은 다음, 다른 사람에게 이야기를 자연스럽게 해 보는 것이다. 집에서 읽은 책을 가져와 나한테 이야기를 해 준다. 처음에 어떤 아이는 책을 보고 읽어 주려고 했다. 그대로 읽어 주는 것이 아니라 생각나는 대로 이야기를 해 달라고 했다. 요즘은 주절주절 이야기를 잘한다. 듣는 재미도 있다. 시간이 모자라는 것이 흠이지만 아침 자습 시간과 국어 시간을 이용해서 최대한 들어 주려고 한다.

3월에 진행한 마주이야기도 이런 효과를 노린 것이다. 그림으로 표현하고 다른 사람에게 이야기하는 가운데 자기 삶을 자연스럽게 드러낼 수도 있고, 자기도 모르는 사이에 훈련이 되어 전체 앞에서 발표하는 형식적인 말하기도 잘하게 된다.

다모임 시간에 급식에 관한 토론이 있었는데 1학년이지만 아주 뚜렷하게 자기 의견을 거침없이 발표하는 모습을 어제 보았다. 문제는 듣기였다. 말하기와 듣기가 함께 이루어지도록 가르쳐야겠다.

옷 공부하다 인형을 만들게 되었다. 오늘은 인형극을 하기 위해서 젓가락 인형을 만들었다. 그동안 읽은 그림 동화책이나 자기가 스스로 만든 이야기에 맞는 캐릭터를 두꺼운 도화지에 그리고 오려서 나무젓가락에 테이프로 붙인다. 세 명 이상이 한 모둠이 되어 만들도록 했다.

내가 더 말하지 않아도 아이들은 벌써 인형 만들기에 쏙 빠져들었다. 나중에 보니 배경 판도 만들어 나무젓가락에 붙이고 있었다. 어떤 모둠은 인형에 젓가락을 붙이지 않고 실을 매달아 배경 위에서 움직이고 있었다. 줄 인형이 생각났다. 시간이 모자라 극을 발표하지는 못했다. 중간 중간에 자기들끼리 극처럼 공연하고 있었다. 금요일에는 배경까지 완성하여 인형극 공연(아주 소박하지만)을 해 볼 생각이다.

듣고, 말하고, 읽고, 쓰기는 삶에서 아주 자연스럽게 통합하여 이루어져야 한다. 책 읽은 내용을 바탕으로 인형을 만들어 극을 발표하는 가운데 아이들은 표현력을 기를 수 있다. 인형이란 낱말도 배운다. 놀이처럼 공부할 때 가장 학습 효과가 높다. 또 아이들은 즐거워한다.

6월 21일(금) 바빠지면 전체를 강조한다

참 오랜만에 일기를 쓴다. 숲속학교 준비하고 1박 2일 동안 꼬박 새고 났더니 힘이 쪽 빠졌다. 꽤 긴장도 했나 보다.

200명 이상의 어린이와 학부모가 참여했다. 우리 학교 대부분의 가족이 아이들과 함께 행사를 치렀다. 아빠들끼리 모여 족구도 하고 가족끼리 숲 산책도 했다. 난 새벽에 날씨가 추워져 아이들 텐트를 돌아보느라 한잠도 자지 못했다. 일주일 이상 긴장하고 지내고 하룻밤을 잠을 자지 못했더니 후유증도 대단했다. 일기조차도 쓰기 싫을 정도로 피곤했다. 운동회, 숲속학교를 이어서 준비했더니 더 피곤한 것 같다.

내가 맡은 큰 행사가 끝나니 아이들이 다시 보이기 시작했다. 난 4월 중순까지가 제일 행복했다. 아이들에게만 집중할 수 있었기 때문이다. 운동회 준비하고, 사서 선생님이 그만두어 새로 구하고, 숲속학교 준비하는 데 거의 두 달이 걸렸다. 전체를 위한 행사도 좋지만 학급에서 아이들과 멀어질 정도는 되지 말아야겠다. 학교는 나 혼자 생각으로 이루어지는 곳이 아니므로 일단 맡은 행사에 최선을 다했다. 평가할 때 다시 진지하게 논의할 필요를 느꼈다.

중요한 것은 내가 힘들고 피곤해지면 공교롭게도 아이들에게 질서, 청소, 예절, 반 전체를 강조하게 된다는 사실이었다. 지난해부터 지금까지 쭉 되돌아보니 꼭 그랬다. 행사 준비로 바빠질 때 이런 현상이 나타났다. 평화롭고 넉넉한 가운데 아이들을 만나면 아이들 개인의 의견과 상태를 소중하게 여기며 보아주고 기다려 준다. 하지만 바빠지면 아이들이 잘 안 보인다. 전체가 보인다. 개인은 전체에 맞추어야 한다.

아이들도 힘들었을 것이다. 소리도 치고 벌도 주고 질서도 강조했다. 난 늘 질서와 자율, 전체와 개인의 조화를 말해 왔다. 하지만 평화로운 상태에서 이루어지지 않으면 이 또한 아이들을 위한 것이 아니다. 나 자신이나 또 다른 무엇을 위해 아이들을 몰아세

우게 된다. 정말 어쩔 수 없이 말이다.

이런 상황에 몰리지 않는 것이 중요하다. 아무리 마음의 평화를 찾으려 해도 몸이 힘들고 시간이 부족한 상황을 뛰어넘기가 쉽지 않다. 난 성인군자가 아니다.

계절 학교 준비가 남아 있지만 내 담당은 아니다. 남은 기간이라도 아이들 속으로 다시 들어가야겠다. 아이들은 우리 선생님이 왜 갑자기 소리치고 화내고 질서를 강조했는지 잘 모를 것이다. 그저 좀 답답했을 것이다. 나도 이제야 그것을 깨달았으니 얼마나 한심한가?

내가 사용하는 언어도 곰곰이 생각해 보니 커지고 거칠어졌다. 반말도 많이 했다. 3, 4월에는 조용히 들어 주고, 차분히 대하고, 넉넉한 마음으로 가르쳤던 것 같다. 다시 처음으로 돌아가야지.

숲속학교 이야기를 다모임 시간에 들어 보고, 반에서 기억나는 일을 그리고 쓰도록 했다. 특히 밤 숲 산책 갈 때 아이들은 부모님과 반딧불이를 거의 다 보았다고 했다. 나도 집사람과 민겸이를 데리고 올라가다 반딧불이를 잡아서 한참 보며 이야기 나눈 기억이 생생하다. 그 외 소원 나무에 소원 걸기, 작은 초에 불을 켜고 부모님과 소원 말한 일, 모닥불 놀이, 강강수월래, 일요일 아침 떡 나누어 먹은 일 등을 모두 기억하고 있었다. 그나마 아이들이 행복했으니 다행이었다.

6월 22일(토) 종이로 만든 축구공

어릴 적 종이로 만든 축구공 생각이 났다. 신문지를 꽉꽉 눌러서 누런 테이프로 꽁꽁 둘러 붙이면 작은 공이 된다. 안방에서 동생하고 종이 공으로 축구를 하곤 했다. 축구 골대는 필통이나 베개로 했다. 작은 무대였지만 재미있게 놀았다.

오늘은 한국과 스페인 8강전이 있다. 지난번 이탈리아전 때 동네에 나갔더니 주로 중고생들이 응원을 하고 있었다. 애국가를 그렇게 힘차게 부를 수가 없었다. 학교 조회 때는 개미 소리만도 못하게 부른다. 나도 고등학교 때 그랬다.

태극기도 그렇다. 몸에 두르기도 하고 머리에 쓰기도 하고 태극무늬를 다양하게 몸에 그려 넣기도 했다. 이처럼 태극기를 사랑한 때는 없었던 것 같다. 국기에 대한 경례도 그럴 것이다.

오늘 토요 체험 때 애국가 부르기, 국기에 대한 경례, 태극기 그리기, 종이 축구공 만들어 경기해 보기 등을 했다. 오늘 오후 대부분 아이들이 응원에 참가할 것이다. 우리 학교 체험 학습관에서도 동네 분들이 모여 함께 축구를 보며 응원을 한다고 한다. 당연히 우리 학교 아이들도 참가한다. 이럴 때 의식을 배우는 것도 좋을 것 같았다.

1학년은 애국가를 가르칠 시기가 중요하다. 이번에 4절까지 함께 불렀는데 너무 힘찼다. 국기에 대한 경례도 바르게 가르쳐 주었다. 태극기도 사이트를 찾아 그려 보았다. 복사해서 나누어 주기보다 좀 서툴러도 순서에 맞게 그리고 색칠했다. 음과 양을 나타내는 태극무늬, 긴 막대기는 양을, 작은 막대기는 음을 나타내고 하늘, 땅, 해, 달 등이 만들어지는 과정임을 알려 주었다.

다음으로 직접 축구공을 만들었다. 신문지, 솜, 스타킹, 두꺼운 종이, 테이프를 이용해서 만들었다. 공 크기도 다양했다. 농구장에서 축구 경기도 했다. 큰 축구공으로 할 때보다 훨씬 쉽고 재미있게 놀이를 했다. 나와 몇 명은 스페인 팀, 다른 친구들은 한국 팀이 되어 경기를 했다. 오늘 한국이 이기면 월요일에 아이들에게 아이스크림을 하나씩 사 준다고 했다. 오늘 경기가 어떻게 되든지 단순한 축구 하나로 이렇게 많은 사람이 하나가 되는 일도 참 신기했다. 쉽게 체험할 수 없는 일인 듯하다.

아이들과 30분가량 축구를 했더니 등에 금방 땀이 찼다. 이마에서도 땀이 흘러내렸다. 화장실에서 얼굴을 씻으니 너무 시원했다.

6월 24일(월) 주변부 학습

요즘 아침 자습은 주변 물건의 낱말 배우기다. 오늘은 은박 포일을 가져오기로 했다. 집에 있는 물건 가운데 내가 날마다 적어 주는 물건을 가져와 관찰도 하고 낱말도 쓴다.

은박 포일이라고 칠판에 써 놓으면 공책에 적고 은박 포일의 소리, 색깔 등을 적고 모양도 그린다. 아이들은 은박 포일로 뭔가를 열심히 만들고 있었다. 공룡, 사람, 배 등 자기 나름대로 열심히 만들고 있었다.

쉽게 구길 수 있는 은박 포일의 성질을 아이들은 이미 알고 있었다. 이 수업은 말하기, 듣기 시간까지도 이어졌다. 전화로 알맞은 인사말 하기를 역할극으로 했다. 몇 명의 아이들은 금세 은박 포일로 수화기를 만들었다. 수화기를 들고 인사말을 하니 훨씬 실감났다. 아무도 가르쳐 주지 않은 상황을 스스로 만들고 있었다. 교사는 이를 민감하게 받아들이는 넉넉함과 긴장이 필요한 것이다.

가끔 느끼는 것이지만 수업의 중심 골격은 내가 준비하지만 그 주변에서 덧붙여지는 학습은 아이들이 창조해야 활동적이고 주도적인 수업이 된다. 이를 보아줄 수 있는 교사만이 아이들의 기를 살리며 수업을 이끌 수 있다. 중심과 주변의 조화야말로 학습의 기본이 아닐까. 바쁘거나 내 것이 너무 강하면 주변을 잘 읽지 못해서 건조한 수업이 된다. 교사 중심의 수업이 된다.

즐거운 생활 시간에는 한복에 대해 배우고 색동저고리를 직접 그리고 색칠해 보았다. 인터넷 검색 사이트에 한복의 구조에 관한 글들이 많았다. 대강의 명칭이 있는 자료를 복사하여 나누어 주었다. 그중 아이들이 많이 입는 색동저고리를 크게 확대해 나누어 주었다. 멀티비전에 색동저고리도 크게 띄워 놓고 따라 그리기를 했다. 그대로 복사해 주면 학습 효과가 떨어진다. 그냥 색칠하기 수준으로 끝난다. 지난 번 태극기를 그릴 때도 모양을 그대로 복사해 주지 않고 자기 스스로 따라서 그려 보게 하니 어려운 점과 구조를 훨씬 자세히 알고 있었다.

복사한 색동저고리 아래에 먹지를 대고 따라 그리도록 했다. 지난번에 단청 색칠할 때 먹지를 처음으로 사용했는데 그때보다 훨씬 잘 사용했다. 모서리 맞추기, 테이프 붙이기, 따라 그리기 실력이 훨씬 좋아졌다. 그때는 제대로 맞추지 못해 모양이 다르게 나오는 경우가 꽤 있었다. 나온 모양에 색동저고리 색을 칠해 보았다. 예쁜 색동저고리가 나왔다. 다음에는 치마나 바지를 이렇게 그려 보면 좋을 것 같았다.

6월 29일(토) 아름다운 조화를 꿈꾸며

지난해 내 고민은 온전한 가치, 온전한 자유, 온전한 삶이었다. 이는 아름다운 조화의 삶을 터득하는 과정이다. 곧 교육이며 교육 과정이다. 발산과 정돈, 자유와 질서, 말하기와 듣기, 주장과 겸손 등은 끊임없이 고민하고 실천하는 가운데 터득되는 것이다. 완전하거나 절대적인 것은 없다. 절대와 완전함을 향한 지향과 문제 해결 과정이 바로 삶이며 교육이다.

우리들은 아이들의 행동을 자세히 관찰하고 기다리고 보아주는 가운데 또 다른 가치인 질서, 정리, 배려, 겸손을 고려해야 한다. 이는 나중에 이루어지는 문제가 아니라 주장, 자유, 발산 등과 더불어 동시에 진행되어야 할 문제다.

아이들 이전에 무엇보다 교사의 자성이 필요하다. 완전한 교사는 없다. 같은 시대의 삶을 살아가는 교사 또한 남한산이란 공간에서 동시에 고민하고 성장한다. 직면하는 과정마다 힘들더라도 꾸준히 고민하고 깨닫고 자성하는 자세가 무엇보다 필요한 것이다.

예를 들어, 오늘 자기 표현 활동을 할 때 표현과 정리, 친구 배려, 협동심은 같이 고려되어야 한다. 우리 아이들에게 표현할 때는 한없이 자유롭게 표현하되 끝나고 나면 뒷정리를 하는 문제도 중요하게 가르친다. 정리 때문에 표현 활동을 방해해서도 안 되지만 자유로운 활동과 표현만 가르치면 온전한 삶이 아니다. 물감, 양동이, 도화지 등을 사용할 때와 끝나면 뒷정리를 깨끗하게 하는 과정도 중요한 삶의 과정이다. 바닥에 묻은 물감을 닦는 과정, 화장실을 더럽히면 닦는 마음, 여럿이 사용하는 공간에서 지킬 일 등도 배워야 한다. 열심히 치웠는데 안 된 것은 교사가 스스로 해야 한다. 걸레를 빨아 바닥을 닦아 주고, 뒷정리도 한다.

아이들이 수업에 방해되게 큰 소리로 떠들 때, 조용히 하라고 소리치는 내 말이 더 시끄러울 때가 많다. 이런 상황에서 아이들은 조용히 하는 것을 배우기보다 또 다른 힘에 의해 어쩔 수 없이 조용해지는 폭력성을 배운다. 깊이 반성할 일이다.

우리들의 기준은 늘 아이들이어야 한다. 학부모, 교사 입장에서 생각하면 사익을 넘어설 수 없다. 공익은 아이들을 기준으로 이야기할 때 가능하다. 특히 내 자식이 아닌 온전한 인간을 염두에 두어야 한다. 이제부터는 모든 행사, 수업, 대화에서 아이들이 기준이 되면 좋겠다. 아름다운 조화도 사실은 아이들을 기준으로 할 때 깊은 논의가 될 수 있다. 다른 기준이 끼어들면 아이들보다는 어른의 관점으로 보게 되고 일을 더 그르치게 된다. 끝내 피해는 아이들에게 간다. 온전한 자유, 온전한 삶은 어떠한 것인지, 어떻게 조화를 시킬 것인지 아이들 행동을 보며 늘 고민해 보아야 한다. 이 속에 답은 있다. 우리 안에 답이 있다.

어른은 이미 고정되어, 주는 대로 받지 않지만 아이들은 그대로 흡수한다. 우리들의 사랑과 실천은 그대로 아이들에게 간다. 그래서 늘 긴장과 깨달음으로 아이들에게 다가서야 한다.

6월 30일(일) 이제 시작이다

네이스(NEIS: 교육 행정 정보 시스템)가 효율성에서 학생 인권으로 가는 과정에 있다고 한다면, 학급과 학교의 교육도 효율성에서 학생 인권으로 가는 길에 있다고 할 수 있다. 업무 중심 부장 체제에서 학생 중심 교육 체제로 전환되고, 관리 중심에서 자율성 중심의 학교 움직임이 일며, 학교장 중심에서 학생, 교사, 학부모 중심 등으로 바뀌어 가는 과정에 있다.

그러나 인권이라는 말은 왜 그런지 정치, 사회의 개념을 반영하는 듯하다. 사람 냄새가 나지 않는다. 우리들 모두에게 필요한 것은 넉넉함과 포근함이 아닐까? 우리 아이들을 포근하고 넉넉하게 맞을 준비가 되어 있는 사람은 아이들 삶을 내 삶처럼 볼 수밖에 없으므로 학생 인권 또한 염두에 둘 수밖에 없는 것이다. 제도로 마련된 인권도 중요하지만 교사 개인의 자성으로 만들어진 언어와 몸짓들은 알게 모르게 아이들에게 잠재되어 녹아든다.

오늘 후관에서 나오는데 우리 반 여자아이 몇 명이 "선생님!" 하며 반갑게 내 품에 안겼다. 방과 후 컴퓨터를 하기 위해 남은 아이들이다. 우리 반 당번 활동을 하던 세린이와 유민이도 어느 때보다 열심히 교실 청소를 했다. 한 명씩 보면 너무 예쁘고 아름다운 아이들이다. 하지만 난 수업 시간이 되면 자꾸 전체로 보려고 한다. 이 속에 개인의 인권이 있을 수 없다. 전체에 개인을 맞추는 이상, 인권도 없으며 포근함과 넉넉함이란 사람다움도 없다.

거의 세 달 동안 아이들이 집에 갈 때 내 앞에 와서 인사를 하도록 하고 안아 주거나 머리를 쓰다듬어 주었다. 수업 시간에는 못하더라도 집에 갈 때만이라도 포근하게 안아 주고 싶었다. 아침에는 그렇게 하지 못했다. 우리 딸 데려다 주고 출근하면 늘 시간에 쫓겼다. 여유가 없었다. 어쩌면 핑계일지도 모른다.

아이들이 교실에 들어올 때 선생님과 아이들이 포근하게 맞아 주는 공간을 꿈꾼다. 반갑게 악수도 하고 서로 반가워 부둥켜안을 수는 없을까? 내 몸을 챙기고 마음을 넉넉하게 먹어야 한다. 자연스럽게 아이들을 만나야 한다. 그러면 편안한 가운데 포근하게 맞을 수 있을 것이다.

다시 처음으로 돌아가야 한다. 말이 아니라 실제로 깊이 고민하고 두려움 없이 실천하는 처음으로 돌아가야 한다. 포근함과 넉넉함도 처음처럼 원점에서 다시 시작해야 한다.

넉 달이 지났다. 색칠 공부, 한솥밥 먹기와 생일잔치, 낱말 학습, 글자 공부, 동아리 발표회, 소리 찾기, 상상력 공부, 시 공부, 전래 동요 부르기, 백합 쪽지글 등 나름대로 최선을 다했지만 한 학기가 끝나갈 무렵 이제 진짜 시작인 것이다.

처음으로 돌아가 포근함으로 아이들과 만나야겠다. 그리하여 전체가 아니라 개인을 보아야 한다.

사람 냄새 나는 그곳에 또 가고 싶다

7월 2일(화) 부모는 아이들에게 무엇인가?

부모는 아이들에게 어떤 관계로 있어야 할까? 여러 가지 관점에서 이야기할 수 있겠지만, 학급과 학부모라는 관점에서 한 번 되돌아보고 싶다.

사회화 과정에서 어쩔 수 없이 가르치는 가정의 덕목은 존재한다. 이와 더불어 새로운 세상을 열어 가고 실존으로서 행복과 자존감을 스스로 느끼도록 하는 일도 함께 해 주어야 한다. 그래서 부모 역할은 어렵다. 지나치게 사회화에 얽매이면 새로움이 없어지고, 지나치게 개인의 삶에 치중하면 전체와의 어울림을 놓치게 된다.

오늘 다모임 시간에 꽃마을 아이들이 의견을 내는 모습을 보고 참 대견스럽다는 생각을 했다. 요즘은 내용보다는 형식에 치중하여 가르치고 있다. 그동안 나와 친해지기, 자연스럽게 말하기, 편안하고 즐거운 학교생활 하기에 치중해 왔다. 이와 더불어 친구, 선생님, 형, 언니, 부모님과 같은 타인을 고려하는 마음도 함께 기르는 학습을 하고 있다.

그동안 그림일기를 써서 나한테 저마다 이야기해 주기(마주이야기), 자연스러운 자기표현 활동, 책 읽고 나에게 이야기해 주기 등의 비형식적 말하기(수다 떨기), 자연 배우기를 꾸준히 해왔다. 지금은 이를 표현할 때 지켜야 할 규칙도 가르쳐 준다. 말할 때 손을 들고 말하기, 친구가 말하면 들어 주기, 선생님이 말할 때 들어 주기, 함께 이야기할 때 순서 지키기 등이다. 내용도 중요하고 형식도 중요하다.

바르게 앉아서 다른 사람 이야기를 들으니 발표할 때도 딴소리를 하지 않는다. 보통 다모임 시간에 저학년 아이들은 말을 않거나 장난을 친다. 잘못하면 산만함을 가르칠 수 있다. 좀 힘들긴 하지만 다른 사람 이야기를 꼼꼼하게 들으니 발표할 때도 훨씬 흐름에 맞는 이야기를 했다. 자연스럽게 말하는 훈련이 된 아이들이 형식까지 갖추니 말하고 듣기도 잘했다.

그림일기도 자유롭게 놔두었더니 하루에 세 명 정도가 냈다. 2주 동안은 좀 무리가 가더라도 꼼꼼하게 검사를 했다. 1학년은 생활습관이 형성되는 시기다. 알림장을 쓰고 집에 가서 스스로 챙기는 습관이 중요하다. 오늘도 여섯 명이 일기를 써 오지 않았다. 이 아이들은 2주 동안 그렇게 강조를 하는데도 꿈쩍도 하지 않는다. 사실은 아이들보다 부모님이 더 문제다. 한번쯤 알림장을 살피고 도와주어야 한다. 그냥 방치되는 아이들은 너무 속도가 늦거나 너무 빨라 질이 떨어진다. 하루 30분 정도라도 아이들에게 시간을 투자하면 좋겠다. 살기 바쁜 일만큼 중요한 것이 아이들의 행복이다.

하루에 한 권씩 책 읽고 나에게 이야기해 주기도 마찬가지다. 안 하는 아이는 계속 안 한다. 하루 이틀 거르더라도 꾸준히 하는 것이 중요하다. 이는 단지 책을 읽는다는 의미만을 배우기 위한 것이 아니다. 한창 글을 배우는 아이들이 큰 소리로 읽는 공부, 문장을 해석하는 공부, 책을 읽으며 부모님과 이야기를 나누는 공부, 나와 이야기 나누는 공부 등을 하며 얻는 여러 가지 좋은 점들을 생각하여 힘들지만 꾸준히 실천하고 있다. 벌써 계속하는 아이와 그렇지 않은 아이의 능력이 많이 차이 난다.

가정에서 부모가 할 역할을 다시 한 번 생각해 보면 좋겠다. 시간 날 때 놀이공원, 수영장 등에 놀러 가는 일도 좋지만 평소에 조금씩이라도 아이를 위해 시간을 투자하면 좋겠다. 가정의 안정이 학교로 이어진다. 학교의 지도가 가정의 지도 범위를 넘어서지 못한다. 학습도 마찬가지다. 아이들 문제를 학교에 떠맡기려는 태도에서 벗어나야 한다. 학교의 역할과 가정의 역할은 분명 다르다. 인성도, 학습력도 가정 교육이 기본이다.

7월 8일(월) 말은 쉬운데

난 어수룩하면서도 스스로 좋아서 하는 일에는 엄청난 집중력을 보인다. 집사람의 말이다. 내 생각이 강해진다는 이야기는 다른 사람의 이야기를 그만큼 듣지 않는다는 말이다.

다른 사람의 이야기를 들어 주고 나를 낮추려는 깨달음은 가지고 있지만 구체적인 현실에서는 만만한 일이 아니다. '마이크로 파시즘'이란 말이 떠오른다. 생각은 진보적인데 가정과 자기 생활 공간에서는 어려서부터 배운 옛날 사고방식대로 행동하는 것을 말한다. 한 학기가 끝나 가는 이즈음에 참으로 말과 행위로 많은 죄를 지었다는 생각이 든다.

먼저, 아이들에게 그렇다. 그냥 넘어갈 수 있었던 일을 내가 피곤하여 강하게 꾸짖는 일도 있었고, 나와 의견이 다른 것을 틀리다고 생각하며 혼자 벽을 쌓아 가다 사람한테까지 서운함을 느낀 일들이 떠오른다. 지나고 보면 누군가가 일방적으로 옳은 일은 없었던 것 같다. 나름대로 자기 위치에서 이야기했고 성인군자가 아니라면 그럴 수 있음을 인정해야 했다. 그래서 소통의 중요성을 이야기하지 않던가? 늘 그렇지만 쉽지 않은 일이다.

지금이라도 스스로 낮출 수 있는 힘을 달라고 기도하고 싶다. 그래서 먼저 서운한 일들을 풀고 싶다. 교육도 비슷하다. 같은 내용을 가르쳐도 너그러운 자세로 아이들에게 접근하느냐, 통제적이고 교사 중심으로 가느냐에 따라서 아이들이 받아들이는 정도는 완전히 다르다.

요즘 국어 시간과 자습 시간을 이용하여 원고지 사용법, 책 읽기, 그림일기를 보아주고 있다. 말하기, 듣기 두 시간 동안 아이들에게 원고지를 나누어 주고 일일이 고쳐 주는데 입이 아플 정도로 힘들었지만 너그러움과 엄격함이 공존하는 시간이 되어서 마음은 참 편안했다. 1년을 늘 이렇게 지내면 얼마나 좋을까? 다짐하고 다시 실천하고 또 실패하고 다시 일어서는 일을 교직 생활 내내 되풀이하고 있다.

중간 놀이 시간에 여자아이들이 다가와서 내 팔을 잡고, 등에 매달리고, 무릎 위에 엉덩이를 들이밀며 재잘거렸다. 민진이는 자기가 만든 팔찌를 채연이와 함께 내 팔목에 걸어 주었다. 팔목에 매듭을 걸고 다니며 여러 가지 생각을 했다.

자기를 낮추고 멈출 줄 아는 것은 말은 쉽지만 쉬운 일이 아니다. 이렇게 한 학기가 끝나고 있다.

7월 10일(수) 과목이 뭐예요?

1학년 아이들을 가르치다 보면 언어의 수준을 맞추지 못해 고생하는 경우가 많다. 동화를 쓸 때도 아이들 언어에 맞추는 데 상당한 시간이 걸린다. 이것은 아이들 언어를 자주 듣고 이야기도 나누고 놀이도 같이 하고 글을 보는 가운데 자연스럽게 이루어진다. 어른과 아이의 차이가 많지만 언어의 차이도 꽤 큰 듯하다.

오늘 수학 시간에 좋아하는 음식, 운동, 과목 등을 질문하고 답하고 숫자를 세 보는 공부를 했다. 아이들은 친구들한테 물어서 하나하나 적어 나갔다. 나한테도 와서 물었다. "선생님, 생일날 받고 싶은 선물이 뭐예요?" "응, 모자." 아이들은 처음에 왜 모자냐고 묻다가 빛나는 내 머리를 보더니 씩 웃고 들어갔다. "좋아하는 운동이 뭐예요?" "응, 축구." 다른 아이들도 덩달아 나와서 나에게 질문을 퍼부었다. "좋아하는 운동이 뭐예요?" "응, 배드민턴." "나도 배드민턴 좋아하는데." 아이들은 쉴 틈 없이 질문을 해 나갔다. 나름대로 재미를 느끼고 있었다.

수업 중간에 "선생님 수학이 뭐예요? 이게 뭐예요? 이 문제 어떻게 하는 거예요?" 이런 질문들을 했다. "좋아하는 과목을 물어서 이 칸에 적으라는 거예요. 수학은 너희들이 배우는 과목이잖아. 즐거운 생활, 슬기로운 생활, 바른 생활, 수학, 국어, 너희가 배우는 것을 물어봐서 적으면 되지."

아이들이 줄을 쭉 서 있길래 빠른 속도로 대답을 해 주었다. 듣는 아이들 표정이 이상했다. 쉽게 설명을 했다고 생각했는데 돌아서는 아이들은 의아한 표정이었다. 나중에 설명을 듣고 들어간 아이가 다시 물을 때 왜 그런지 알았다.

"그런데 선생님, '과목'이 뭐예요?"

문제에는 과목을 물어보라고 되어 있으니, 내가 설명한 내용과 과목을 연결시키지 못한 것이다. 아 그랬구나! 아이들 표정이 이상했던 것은 수학이나 즐거운 생활을 몰라서가 아니라 과목이란 말 자체를 몰라서였다. 다시 국어, 즐거운 생활, 슬기로운 생활, 바른 생활, 수학 같은 것을 모두 합쳐서 과목이라고 하며 좋아하는 과목이 뭐냐고 물으면 이 가운데 자기가 좋아하는 것을 말하면 된다고 설명했더니 아하, 하고 알아들었다.

상대방을 이해한다는 것은 불가능할지도 모른다. 누구나 자기 입장에서 이야기하고 고민하기 때문이다. 그래서 이야기를 나누어야 한다. 문제는 이 한계를 인정하지 않는 데 있다.

특히 아주 사랑하는 사람일수록 이야기를 나누기보다 알아주기를 바란다. 그래서 기대도 많고 실망도 많다. 기대한 만큼 상처도 깊다. 먼저 남의 말을 들어 주려는 마음과 내 마음을 솔직하게 표현하는 것이 최선일지도 모른다.

7월 29일(월) 미치도록 심심하게 하라

방학이다. 학교에 가지 않으니 부모님이 뭔가를 시키지 않으면 아이들은 넉넉한 시간을 보낼 수 있다.

사람이 성장한다는 것은 자발성이 커진다는 이야기도 된다. 어릴수록 부모님, 선생님, 가족 같은 어른이나 나이 든 사람에게 의존하게 된다. 나이가 들수록 의존에서 벗어나 홀로 서기를 한다. 우리가 아이들에게 자발성이 없다느니, 자립심이 약하다느니, 스스로 알아서 했으면 좋겠다느니, 창의성이 없다느니 하는 말들은 자발성을 바라고 하는 말들이다.

자립심이나 자발성은 어디서 올까? 난 아주 심심한 시간을 보낸 사람만이 가질 수 있다고 본다. 어른이 시켜서, 텔레비전을 보면서, 만화를 보면서 등은 주어진 환경이다. 어느 정도 수동성을 갖는다. 미리 만들어진 어떤 것에 의존하지 않고 그냥 있는 심심함을 즐길 수 있도록 해야 한다.

텔레비전도 못 보고, 만화도 못 보거나 못 읽고, 부모님이 시키는 것도 없고, 나가서 친구들과 놀지도 못한다면 요즘 아이들이 견딜 수 있을까? 또 어른들은 견딜 수 있을까? 이런 수동적 환경이 없는 경험을 해 보도록 하면 좋겠다.

이때 아이들은 무엇을 할까? 미치도록 심심한 상태에서 아이들은 뭔가를 생각해 낼 것이다. 아무것도 아니었던 찢어진 종잇조각으로라도 놀잇감을 만들 것이다. 노래라도 읊조릴 것이다. 몸이라도 움직일 것이다. 그냥 잠이라도 잘 것이다. 그래도 심심하면 본성에서 우러난 자발성이 작동할 것이다. 거기서 나오는 그 무엇은 누군가의 도움이나 다른 사람이 만들어 놓은 수동적 환경과는 별개로 자기 스스로 만들어 낸 새로운 환경이다. 이것이 바로 자발성의 출발이다.

어릴 적 텔레비전도 없고, 부모님도 없을 때 집에서 하도 심심하여 신문지를 구겨서 동그랗게 뭉쳤다. 이런저런 생각을 한참 하다 테이프를 찾아냈고 공을 만들었다. 나 혼자 방 안에서 신나게 공을 찼다. 베개로 골대도 만들었다. 나중에는 동생이 와서 함께 한 기억이 생생하다. 그럴 때가 난 제일 행복했다.

미치도록 심심하게 놔두어 보아라. 거기서 오는 자발성이야말로 다른 주어진 일을 할 때도 그냥 받아들이지 않고 자기 나름대로 재해석하거나 눈높이를 맞추어 즐길 수 있게 한다. 자발성은 즐거움을 가져오고 즐거움은 창의성과 행복을 준다.

학원, 연극, 캠프, 학습지, 운동 등과 같은 프로그램으로 방학 동안 아이들에게 부담을 주기보다 며칠은 그냥 놔두어 보자. 그 대신 이때는 텔레비전, 친구, 만화, 책과 같은 이미 주어진 환경에서 벗어나 있어야 한다.

오늘 학교에 갔더니 다들 출장이거나 다른 일을 보고 오느라고 사서 선생님과 나밖에 없었다. 학교는 너무 조용했다. 오후에는 비도 내렸다. 안개도 꼈다. 조용하고 심심했다. 할 일은 있었지만 그냥 있어 보았다. 한두 시간 그렇게 있으니 하고 싶은 일이 생겼다. 같은 일을 하더라도 시간에 쫓기면 지겨워진다. 하고 싶어서 하는 일과 너무 다르다.

실제 원두막 사진을 찍어서 인터넷에 올렸다. 모세 어머니와 이향이 어머니는 아이들을 데리고 원두막에 왔다. 전도 부쳤다. 내 머리통보다 큰 수박 한 덩이를 사와 함께 나누어 먹었다. 비가 보슬보슬 내릴 때 어머니 둘이 원두막 위에서 이야기꽃을 피우는 듯했다. 아이들은 아이들대로 놀고 있었다. 넉넉해 보였다.

집에 올 때 교장 선생님 사모님이 부르셨다. 준겸이 갈아 먹이라며 종이봉투 하나를 건네 주셨다. 집에 와서 보니 토마토와 고추였다. 학교 텃밭 작물 대부분은 사모님이 손수 기르신다. 3월에 시작한 농사의 결실이다. 아이들이 없어서 너무 조용한 남한산에서도 넉넉함을 즐길 줄 아는 사모님이다. 밤에 남아 있어 보면 남한산학교 안에는 적막이 흐른다. 관사에 2년을 계셨으니 심심함을 초월한 분 같기도 하다. 텃밭에 자라는 고추, 호박, 오이, 상추, 토마토, 쑥갓을 가지런히 정리해 놓은 것만 봐도 금세 알 수 있다.

내가 먼저 심심한 시간을 보내야겠다. 그리고 아이들도 그런 경험을 하고 돌아왔으면 좋겠다.

8월 9일(금) 톨레랑스에 대하여

원주 상지대학교에서 2박 3일간 연수를 받고 돌아오며 내내 머릿속을 떠나지 않는 말이 있다. 톨레랑스! 홍세화 님의 강의를 듣는 중에 나온 말이다. 우리말로 옮기면 '관용' 내지는 '용인'쯤 된다고 한다.

유럽인들이 구교도와 신교도 사이의 피나는 전쟁을 겪으면서 얻어 낸 결론이 바로 톨레랑스란 사상이란다. 자기와 다른 사상과 가치를 가지고 있을 때 그의 생각을 뜯어고치기 위해 강제와 폭력을 동원하지 말고 관용으로 서로의 차이를 인정하자는 사상이다. 무관심한 포기가 아니라 의도적으로 그렇게 하는 것이다.

난 요즘 힘의 논리와 효율성의 논리로 급하게 일을 해결하려는 태도들을 많이 경험한다. 자기 맘대로 안 되면 힘에 의해 빨리 해치우려는 생각과 행동들이 훨씬 일을 늦어지게 한다. 좀 기다려 주고 들어 주고 다름을 인정하면 될 일들을 말이다. 원래 기다림이란 그리 쉬운 일이 아니다.

질문을 했다. 톨레랑스의 반대가 앵톨레랑(불관용)이란다. 관용하지 않는 생각이나 사람에 대해 반대하는 것이다. 그렇다면 관용의 정신과 불관용의 정신이 모순 아닌가라는 질문이었다. 그러자 앵톨레랑에 대해선 관용하지 말아야 한다고 했다. 불관용까지 관용하는 것은 관용의 정신에 맞지 않는다고 했다.

불관용이 얼마나 많은가? '오로지 반공만이 살길이다.'처럼 나만이 옳다는 자기의 주장과 별도로 다른 사람의 주장도 인정하는 것이 바로 톨레랑스일 것이다. 톨레랑스를 인정하지 않는 사람과 사상에 대해선 거부해야 옳을 것이다.

그렇다면 거부한다는 건 어떻게 한다는 것일까? 서로 불관용하며 강제와 폭력을 행사한다면 이를 거부하는 길은 무엇일까? 간디의 비폭력, 노장 사상에서 욕심을 버리는 일 등이 떠올랐다.

'다르다, 느리다'는 것 때문에 아이들에게 놀림을 받는 경우가 있다. 어른들의 시각에도 이런 일이 많다. '다르다, 느리다'의 문제를 보고 '틀리다, 못한다'고 한다.

"느리니까 넌 틀려! 넌 못해!"

자기 자신에게 철저하게 할 일이다. 자신의 사상은 분명해도 좋지만 남에겐 너그러워야 할 것 같다. 그것이 톨레랑스 정신이 아닐까? 이는 하루아침에 이루어지는 것이 아니라 스스로 깨달아 가는 연륜에서 나온다.

홍세화 님이나 강만길 님의 강의 내용은 달랐지만 너무 부드럽고 너그러운 말투와 사상만은 같아 보였다. 앵톨레랑 상황에서 자기 소신을 굽히지 않고 살아왔으며 그렇다고 남에게 강제나 폭력을 쓰지 않았으니 얼마나 기다리며 살았겠는가?

여유, 자기 삶에 대한 확신, 희망, 함께 사는 사람들에 대한 사랑이 느껴졌다.

8월 19일(월) 사람 냄새 나는 그곳에 또 가고 싶다

한 달 이상 준비한 초등 국어 교과 여름 연수를 끝냈다. 우리들 스스로 필요를 느끼고 공부할 내용을 준비하여 서로 연수를 하면서 주고받았던 과정 자체가 큰 공부였다.

나에게 남은 것들은 무엇일까?

먼저 청평 자연 휴양림 별채가 남는다. 바로 옆에서 흐르는 맑은 계곡물 소리를 2박 3일 내내 들으며 연수를 받은 것이 아주 좋았다. 점심 먹고 나서 계곡물에 발을 담그고 서로 이야기 나눈 시간도 좋았다. 두 선생님이 기타를 치며 노래를 불러 주었다. 자연스러운 라이브 공연이었다.

연수 내용은 아니었지만 캄캄한 밤에 한 명씩 열 발 간격으로 떨어져 새소리, 물소리, 숲 냄새 따위를 몸으로 느끼며 산 중턱까지 오른 일, 다시 서로 손잡고 한 줄로 서서 눈을 감고 함께 더듬거리며 내려온 일은 잊을 수 없다. 맨 앞 사람만 눈을 뜨고 있었기 때문에 내 앞뒤 사람의 손에 의지할 수밖에 없었다. 다 내려오니 마주 잡은 손에서 땀이 났다.

아이들과 한솥밥을 먹는 것처럼 식단을 짜서 모둠별로 밥도 하고 설거지도 했다. 처음에는 굉장히 부담스러울 줄 알았는데, 보통 연수에 가서 급식판에 받아 먹었을 때보다 집에서 만든 음식처럼 맛도 좋고 사람 냄새가 났다. 큰 들통에 국을 끓이고 전기밥솥에 밥을 했다. 된장국, 북어국 맛이 죽였다.

첫날 오신 김은형 선생님의 '시란 무엇인가'와 직접 지도하는 과정 이야기는 우리에게 여러 가지 토론 거리를 던져 주어 좋았다. 마지막 날 동시(《김치를 싫어하는 아이들아》, 창비) 작가인 김은영 선생님의 동시 감상에 관한 이야기도 깊은 맛이 있었다. 우리가 준비한 체험 활동인 솟대, 천연 염색, 봉숭아 물들이기, 전래 동요, 땅 놀이, 숲 체험은 생각 이상의 기쁨과 깨달음을 주었다.

첫 번째, 숲 산책할 때의 '뱀의 눈이 되어'가 제일 생각난다. 거울을 눈 가까이 대고 주변을 보며 느낌을 이야기하고 나중에 색과 선으로 표현했다. 남한산에서 환경 프로그램을 할 때 우리 반 아이들도 해 보았다. 작은 거울은 마치 종이 액자와 비슷한 역할을 했다. 또 비추어진 세상은 아주 맑았다. 선도 또렷했다. 위아래로 흔들어 보기, 옆으로 흔들어 보기, 제자리에서 빙 돌아보기 등 선생님들과 여러 움직임을 자연스럽게 만들어 가며 놀았다. 그리고 선과 색으로 표시한 내용을 가지고 발표를 했다. 거울 액자는 또 다른 상상력을 불러온다. 다른 수업 시간에도 충분히 사용할 수 있는 전략 같았다.

두 번째, 천연 염색은 나뭇잎, 꽃을 주워서 손수건 위에 잘 배치하고 숟가락으로 두드려 염색하기와 치자 염색이었다. 두드리기는 도시의 다인수 학급에서도 해 볼 만했다. 그리고 배치를 어떻게 하느냐에 따라서 물든 손수건의 느낌이 아주 달랐다. 두드리며 뱉어내는 말들을 모둠에서 한 사람이 모두 받아 적었다. 재미있는 말들이 쏟아져 나왔다. 모둠에서 손수건의 제목도 붙였다. 치자 염색에서는 걸죽한 카레라이스 같은 국물 속에 실로 여기저기 묶은 광목천이 둥둥 떠다니며 끓는 모습이 지금도 생생하다. 나중에 노랗게 물든 손수건 위에 나온 동그라미 모양들이 귀여웠다. 물에 여러 번 빨아서 널었던 손수건이 지금은 우리 집 책꽂이 위에 놓여 있다. 염색 과정에서 쏟아 놓은 말들을 모아 적은 것을 화이트보드에 옮겨 쓴 것을 보니 뱉은 말 자체가 시였다.

세 번째, 딱지 접어 놀기, 긴 줄넘기, 깃대 쓰러뜨리기를 했다. 늘 하는 쉬운 놀이지만 전략이 흐름을 바꾼다. 새로운 놀이 만들기가 전략이었다. 딱지치기를 원래 아는 방법으로 실컷 해 보고 모둠끼리 새로운 놀이를 만들어 보는 것이다. 그리고 발표를 했다. 별 이상한 놀이가 다 나왔다. 모두 웃었다. 연수 방에 들어와 놀이 신문을 모둠별로 만들어 전시했다.

네 번째, 솟대 만들기를 했다. 보슬비가 약간 내렸지만 모든 선생님들은 자기 솟대를 만드느라 푹 빠져 있었다. 너른 잔디 위에 부러진 큰 가지들을 주워서 모아 놓았다. 톱, 가위, 드릴을 이용하여 솟대를 만들었다. 두 시간 동안 만든 다음, 자기 솟대를 들고 연수방에 모여 어떤 소원을 빌었는지 이야기를 나누었다. 내 솟대는 오디오의 까만 스피커 위에 올려놓았다. 뿌리를 튼튼히 내리라고 밑받침을 둥글게 하지 않고 삼각 모양으로 했다. 약간의 곡선을 그리며 곧게 올라가는 나무를 잘라서 중간 대를 끼웠다. 오리 모양은 몸과 머리를 조립하지 않고 여기저기 돌아다니며 오리 그대로의 모습을 닮은 가지를 찾았다. 오리 모양의 가지를 찾는 시간에 꽤 오랜 기다림이 있었다.

다섯 번째, 첫날 저녁에 봉숭아 물을 들였다. 난 새끼손가락에 들였다. 여자들은 어릴 적 여러 번 들였다고 하는데 난 처음 들여 보았다. 백반이 들어가서인지 조금 따끔거렸다. 기다림에 대하여 이야기를 나누었다. 물든 손톱의 색이 다 빠지면 정말 소원이 이루어질까?

새끼손가락에 들인 봉숭아 물, 스피커 위의 솟대, 치자 염색한 손수건, 맘속에 남은 냇물 소리, 우리들의 정성 등 참 많은 것들이 남을 것 같다.

20명 정도 참여한 작은 연수였지만 기대 이상으로 배운 것이 많다. 어떻게 운영하면 더 잘 될까의 문제는 서로 평가를 해 보면 된다. 문제는 기쁨, 깨달음, 풋풋함 같은 마음이 남는가이다. 이런 마음만 있다면 다른 것은 작은 문제들이다. 내년 연수 때는 무엇을 배울까 기대된다. 준비한 선생님들, 참가한 선생님들 모두 참으로 고마웠다. 그냥 고마웠다.

사람 냄새 나는 그곳에 또 가고 싶다. 그곳에서의 느낌이 이곳에서도 이루어지도록 기쁘게 가 보자.

8월 26일(월) 애증

사랑하는 만큼 기대도 크다. 기대한 만큼 실망도 크다. 아예 사랑이 없었다면 실망도 없었을 것을.

그래서 에리히 프롬은《사랑의 기술》이란 책에서 무조건적 모성애나 소유욕을 바탕으로 한 이성애보다 평등성을 바탕으로 한 형제애를 강조했을지도 모른다.

소유 없이 사랑할 수 있을까? 사랑할수록 서운함과 실망이 커서 더 꾸짖게 되고, 미워하게 된다. 처음부터 사랑하지 않았다면 실망도 없고 그럭저럭 보통으로 대하였을 것이다.

사랑한 만큼 버릴 줄도 알아야 하는데 그것이 쉽지 않다. 그래서 사랑하는 사람들은 애가 끓고 가슴이 저리며 마음이 아프다. 사랑해 본 사람은 그 아픔 때문에 그냥 그렇게 안주하며 살지도 모른다.

장맛비에 아름답게 빛나던 텃밭 참외들이 나뒹굴어 형체도 알아보지 못하게 으깨어졌다. 썩어 가는 지독한 냄새에 코를 휘두르는 아이들을 보며 저 참외도 희망을 키우며 빛나게 자라던 때가 있었음을 말해 주고 싶었다. 보통은 참외의 아픔보다 그러저러한 지금을 바라보고 이야기하기 쉬울 뿐이다.

사랑했다면 찬란한 시절만이 아니라 힘없이 누그러지는 시기의 아픔도 이겨 내야 하겠지. 사랑이 없다면 애증도 없다. 애증을 걷어 내는 일도 사랑한 자의 몫이겠지.

8월 27일(화) 우연히 내게 온 아이들

평소 아이들과 친밀한 활동을 하려고 준비하는 경우도 많다. 그렇게 노력해서 준비해 보지만 별 효과 없이 소리만 지르다 끝나는 때도 태반이다. 오늘은 그냥 우연히 아이들과 가까워진 날이다.

중간 놀이 시간에 나가니 우리 반 아이들이 농구공을 가지고 놀고 있었다. 우리 교실 바로 앞이 농구장이라 나도 가끔 농구를 즐기는 편이다. 내가 끼어들어 공을 뺏기도 하고 슛도 하고 패스도 했다. 나의 특이한 폼에 아이들이 웃었다. 좀 지나자 꽃마을 아이들이 늘어났다. 편을 나누어 시합을 했다. 여자는 선아 한 명밖에 없어서 나와 같은 편이 되고 남자아이 일곱 명 정도가 같은 편이 되었다. 시합을 하고 있을 때 산마을 아이들이 나와서 시켜 달라고 했다. 처음엔 산마을 아이들끼리 하라고 했다. 반마다 공이 있으니 섞여서 하면 된다.

산마을 아이들 숫자가 늘어났다. 자꾸 떼를 썼다. 결국 1학년과 3학년의 대결이었다. 3학년 남자아이들 숫자가 꽤 많다. 꽃마을 여자아이들도 합세하였다. 꽃마을 아이들이야 형, 언니들과 시합을 하니 공을 거의 만져 보지도 못했지만 그저 즐거워 이리 뛰고 저리 뛰었다. 모두 즐거워했다. 나도 신나게 뛰어다녔다.

중간 놀이가 끝날 즈음 갑자기 비가 쏟아졌다. 막 퍼부었다. 아이들은 비에 쫓겨 건물 난간으로 뛰어 들어갔다. 난 이때다 싶어 남아 있는 산마을 남자아이들 몇 명을 제치고 골을 넣었다. "얘들아, 우리가 이겼지?" 하면서 나도 난간 쪽으로 갔다. 금세 옷은 비로 흠뻑 젖었다.

그런데 농구장을 보니 나보다 더 지독한 아이가 있었다. 산마을 손영상이었다. 우리 골대에 혼자 남아서 골을 넣으려고 계속 던졌다. 난간에 있던 산마을 남자아이들은 응원을 했다. 영상이는 그 빗속에서 끝내 한 골을 넣었다. 끝이 아니었다. 다시 던지기 시작하여 두 골을 넣더니 돌아서 들어왔다. 절로 웃음이 났다.

다모임 시간이라 대강 수건으로 얼굴을 닦았다. 젖은 양말도 벗었다. 늘 여벌 옷 한 벌과 양말을 준비해 놓는데 계절 학교 때 젖은 뒤 갈아 신고 다시 갖다 놓지를 못했다. 우산도 가져오지 않았으니 어떻게 갈까 생각하다 지난 계절 학교 때 받은 비옷이 떠올랐다. 얼른 걸치고 체험 학습관으로 뛰어갔다. 그런데 뒤에 하늘마을 여자아이 몇 명이 붙었다. 비옷 뒤를 들어올리고 머리를 디밀었다. 달려가느라 누군지 볼 틈도 없었지만 히히덕거리며 좇아오는 하늘마을 아이들이 가깝게 느껴졌다.

꽃마을, 산마을, 하늘마을 아이들이 빗속에서 우연히 내게 다가왔다. 나도 참 포근하고 행복했다.

가을

즐 추 보 다 월 봐!

9월 2일(월) 체험과 문학적 상상력

이번 주 금요일 연구 수업이 있다고 하여 국어 쓰기 1단원을 살피고 있다. 문학 단원인데, 글과 그림을 보고 상상력을 통해 언어를 확장해 가는 공부다.

쓰기 교과서에는 과정상 어린이들의 구체적인 경험보다 현실과 거리가 먼 소재를 제시하고 있다. 내가 공부하고 있는 소단원의 두 소재도 '꿈'과 '바람'이다. 난 좀 생각이 다르다. 아이들 체험과 관계가 멀수록 상상력 또한 빈약해진다. 자기가 한 체험일수록 할 말도 많고 상상할 동기도 생긴다.(지도서 대단원 개관에는 이와 달리 가까운 곳에서 소재를 찾아 재구성해도 됨을 밝히고 있다.)

예를 들어, 바람을 소재로 한 그림으로 농부 아저씨, 연과 종이비행기, 뱃사공, 낙엽 쓰는 아저씨, 바람을 쏘이며 물 먹는 사슴 등이 나온다. 어느 정도는 아이들이 관련된 낱말을 상상하여 말하고 이어 갈 수 있겠지만 아주 밋밋하게 끝난다. 상상한 언어의 숫자도 아주 적다. 무엇보다 관심을 끌지 못한다.

디지털카메라로 운동장 모래 더미, 뒷산 놀이터 입구, 숲 속 햇빛마을 등을 찍었다. 지난번에 찍어 놓은 움집 사진 등도 좋은 체험의 소재가 될 것이다. 이런 그림을 보면 아마 자기 체험을 떠올릴 터이고 할 말도 생길 것이다. 다양한 낱말의 발산은 체험이 없으면 한계를 갖는다.

작가의 상상력도 꼼꼼한 문헌 조사, 관찰, 인터뷰가 뒷받침되지 않고는 불가능하다. 판타지 문학도 신화, 옛이야기를 연구한 바탕 위에서 가능한 것이다. 아무 근거 없이 단지 작가 개인의 상상력에 의존한 경우는 없다.

아이들도 자기 체험의 확장 속에서 상상력을 확대해 갈 수 있다. 모래 놀이를 하며 수많은 상상의 언어를 쏟아 낸다. 어른과 달리 상상은 아이들 존재 그 자체이다. 상상의 세계가 따로 있는 것이 아니라 현실 속에 공존한다. 그래서 하찮은 물건이 생명을 얻어 아이들과 이야기도 할 수 있다.

이런 체험을 통해서는 물론 체험의 언어가 많이 나오지만, 사실 은유적인 언어, 상상의 언어도 들어 있다. 자연스러운 과정으로 놔두면 과연 아이들이 더 깊은 상상의 세계까지 갈 수 있을까? 아니면 몇 가지 질문을 만들어 질 높은 상상이 되도록 도와줄 것인가? 또 제시된 그림과 체험의 연관된 상상은 어떻게 자극할 것인가? 등이 고민이다.

일단 소재는 우리 주변에서 가져올 것이다. 어떻게 하면 아이들이 체험에서 더 많은 상상의 언어를 끌어내어 발산하게 할 수 있을까가 초점이다. 바람이라고 하여도 일반적인 바람을 제시하면 아이들은 별로 관심도 없고 상상력도 떨어진다. 어제 천둥 번개 칠 때의 바람, 남한산을 산책할 때의 바람 등으로 구체적인 체험과 관련지을 때 아이들은 상상의 세계로 깊이 빠져든다.

이 과정에서 내가 할 역할을 좀 더 고민해 보아야 한다. 다양한 장르를 제시하는 것은 어떨까? 경험과 관련된 사진, 움직임, 낱말 카드를 다양하게 활용하는 것도 괜찮지 않을까?

※ 9월 2일 일기는 2002년, 남한산학교에서의 일기입니다.

9월 3일(수) 교사란 무엇인가?

갈수록 잘 모르겠다. 개학 3일째, 무엇을 하려고 학교에 출근해 교실을 지키고 있는가? 교대 2학년 때부터 아이들을 잘 가르쳐야 겠다는 생각으로 배우고 읽고 실천해 왔다. 하지만 요즘 내가 하는 일이 무엇일까 자꾸 질문하게 된다.

아이들은 생활의 반 이상을 나와 함께 보낸다. 과연 여기서 배우고 깨닫는 것은 무엇일까? 좋은 영향을 미치고 있는 것일까? 오히려 나와 있는 시간 속에서 강압의 언어, 힘의 해결, 경쟁의 원리를 배우고 있지 않을까? 한순간 수업을 잘하기 위해서, 뭔가를 가르치기 위해서 쓰는 방법들의 한계가 오히려 더 큰 영향을 주고 있지 않나 하는 생각이 든다.

교실에서 아이들이 아주 편안한 마음으로 자연스럽게 배우고 깨닫는 과정은 어떻게 해야 가능할까? 준비, 연구, 실천은 철저히 하여도 그만큼 버릴 줄 알아야 아이들을 제대로 볼 수 있다고 믿어 왔다. 하지만 가끔 부모님, 아이들과 상담을 하다 보면 말뿐이었구나 하는 생각에 정신이 번쩍 든다. 그런 사연이 있었던 것을 난 모르고 있었구나, 평소 더 포근히 감싸 줄 것을, 만나면 더 반갑게 활짝 웃으며 맞이할 것을, 아이들과 부모님 이야기에 더 귀를 기울일 것을, 하며 후회하고 만다.

크리슈나무르티의 책에서 '교사는 영혼의 깨달음을 주는 성자'의 입장이 되어야 한다는 글을 읽은 적이 있다. 그 정도는 아닐지라도 그렇게 가야 한다고 믿어 왔다. 하지만 갈수록 참 힘들다. 난 아이들 가정생활에 대해서 얼마나 알고 있으며 아이들의 고민과 변화, 성장을 감지하고 있는 것일까?

눈에 보이는 결과 이전에 삶의 과정 그 자체를 고민해야 한다. 나의 몸과 마음을 바닥에 깔아서 작은 소리와 움직임에 민감해야 한다. 내가 내는 소리와 가르칠 내용보다 낮은 자세로 듣고 감지하는 것이 교사의 가장 큰 덕목일지도 모른다. 이것을 바탕으로 해야 가르칠 내용도 있는 것이다.

나는 나 자신을 사랑하고 있는가? 교사 이전에 한 인간으로 살아가는 나 자신을 사랑해야 한다. 그 사랑은 우리 아이들에게도 똑같이 적용된다. 우리 가족도 마찬가지다. 교실에서 아이들과 만나는 나 자신을 사랑해야 한다. 아름다움을 느껴야 한다. 기뻐야 한다. 기쁨, 사랑, 아름다움으로 아이들과 교감하면 그 속에 뭔가 있지 않을까? 그 속에서 연구된 내용이 힘을 받지 않을까?

교사란 무엇인가? 그 질문 이전에 이런 것들을 지키며 2학기를 가 볼 작정이다.

오감을 가르치려 하지 말고 나 자신의 오감을 먼저 열어야 한다.

내 성질에 못 이겨 내 기준으로 아이들을 판단하지 말아야 한다.

뭔가 더 잘해 보려는 욕심을 버리고 넉넉한 마음으로 아이들 말과 몸짓에 귀를 기울여야 한다.

아이들과 기쁘게 만나야 한다. 나 자신이 아름다움을 느껴야 한다.

9월 5일(금) 보디가드

아침마다 차를 몰고 학교에 들어와 체육관 주차장 쪽으로 들어서면 우리 반 남자아이들 열댓 명이 내 차를 보고 달려 나온다. 내가 오기를 기다리고 있다 뛰어나오는 것이다. 언제부터인가 이런 일이 되풀이되었다. 학교에 출근하면 나를 반기는 아이들의 밝은 얼굴을 보며 하루를 시작한다. 어찌 보면 거꾸로 된 일이다. 내가 먼저 출근하여 아이들이 학교에 들어올 때 맞아야 할 일인데 말이다.

차를 세우고 문을 열자마자 아이들은 내 차에 올라타기도 하고 신발장에 있는 내 까만 실내화 한 짝씩을 들고 서서 인사를 한다. 나를 확인한 아이들 몇 명은 나보다 먼저 건물 계단으로 달려가 기다린다. 다른 선생님이 너희들 뭐냐고 물어보니 한두 명이 선생님 보디가드란다. 이것도 참 웃긴 말이다. 내가 아이들 보디가드가 아니라 아이들이 내 보디가드라니. 하긴 내가 무슨 힘이 있나. 공짜로 생긴 든든한 보디가드 아이들이 살가울 뿐이다.

건물에 들어서서 아이들이 들고 있던 까만 실내화를 갈아 신고 신발을 신발장에 넣은 다음 계단으로 향한다. 먼저 올라가 계단에서 기다리던 아이들은 내가 올라갈 때마다 위층에서 내 머리를 만져 보려고 손을 내밀며 애를 쓴다. 난 일부러 살짝 고개를 숙여 피한다. 어쩌다 머리를 만진 아이는 신기한 뭔가를 만졌다는 듯 자랑을 한다. 다른 아이들은 선생님 머리를 만졌을 때 느낌이 어떠냐고 물어본다. 반들반들하다는 아이부터 빛나리라는 아이까지 다양하다. 그렇게 교실까지 아이들과 섞여 종알거리며 들어온다. 저절로 생긴 반가운 만남이다.

개학하기 바로 일주일 전에 머리를 6밀리 날을 넣은 자동 머리 깎이로 싹 밀었다. 원래 가운데 머리가 없는 데다 주변 머리까지 짧게 깎아 놓았으니 아이들의 볼거리가 된 모양이다. 난 그냥 아침에 머리 감기 편하고 시원해서 깎았다.

보디가드까지 있으니 빛나리가 두려울 게 있겠나.

9월 6일(토) 극복과 계승

어저께 서울 국어 교과 사무실에서 동화 창작 모임 '숲속나라' 모임이 있었고 오늘 저녁에는 구리 지역 초등 국어 교과 모임이 있었다. 서로 다른 모임이지만 비슷한 고민을 갖고 있었다. 모임을 하다 보면 새로웠다 다시 지루해지고 다시 새로웠다 지루해짐을 되풀이한다. 문제는 지루할 때 앞길을 뚫을 수 있느냐다.

동화 창작 모임도 한 3년간 꾸준히 활동하여 모임 회원들의 책이 여럿 나왔다. 이제 혼자 창작을 하려는 사람도 나오고, 또 서로 비슷한 수준이라 지루해져서 모임 속에서 새로운 창작물이 잘 나오지 않는다. 좀 쓴 사람은 뭔가 새로운 돌파구를 찾으려 한다. 기존 후배들도 앞길을 잘 찾지 못하고 있다. 이 시대의 사회성, 소외받는 아이들을 고민했다면 이젠 서사성, 이야기 구조의 창작을 고민해야 한다. 우리가 가지고 있는 내용의 진정성을 뛰어넘으려면 새로운 창작 기법 또는 이야기 구조에 대한 또 다른 공부가 필요한 것이다. 여기서 머문다면 말 그대로 정체이고 지루함이다. 애초에 혼자 시작한 것이라면 사실 개인의 한계를 뛰어넘기는 쉽지 않다. 그렇고 그런 비슷한 작품을 쓰다 끝날 것이다. 하지만 함께 고민을 공유하고 새로움을 찾는 길은 또 다른 협동적 창의성의 성과물을 준다. 개인의 창의성보다 중요한 것이 토론하여 저마다 갖게 되는 협동적 창의성이다. 이를 위해 우리는 돌파구를 찾는 것이다. 유영진 선생은 들뢰즈의 후기 구조주의를 읽고 있었다. 나름대로 길을 찾고 있는 것이다. 나도 이야기의 구조에 대한 고민을 하여 새로운 작품을 써야겠다.

다음 모임부터는 모임의 힘이 생길 것 같다. 힘은 기쁨이며 뿌듯함이다. 모임 뒤에 느껴지는 이 기쁨이 없다면 힘들게 서울에 모일 필요가 없다. 지금 힘들다고 그동안 우리가 쌓아 온 성과를 계승하지 못하거나 자만에 빠져 우리의 한계점을 보지 못하고 극복하지 못한다면 새로움과 기쁨은 없다.

우리 지역 교과 모임도 마찬가지다. 한 권의 책을 내고, 시 자율 연수까지 스스로 끝낸 상태에서 지나치게 못한 것에 매달려 계승할 점을 잊거나 너무 잘한 것에 치우쳐 극복할 점을 간과한다면 그 또한 정체다. 아이들 수업도 마찬가지다. 새로움과 지루함이 늘 존재해야 더 나은 것이 있다. 내 배움과 가르침의 한계와 성과를 냉철하게 성찰할 필요가 있다.

우리 모임도 구조(틀)에 대한 고민이 필요하다. 한 수업안의 구조처럼, 예를 들어 전략 소개, 텍스트로서 맛보기 시 찾기, 도입 단계의 활동과 전략, 본 체험 활동, 표현 결과물에 대한 감상 단계를 둘 필요가 있다. 체험과 시 표현에서 어떤 체험으로 할 것인가의 문제, 어떤 전략을 사용할 것인가의 문제, 시의 고유한 영역에 대한 공부 문제 등을 해결해야 한다.

시를 읽고, 감상하고, 활동하고 쓰는 과정을 통합해 보아야 한다. 이번에 '거울로 본 세상'이란 수업을 하면서 확신한 것인데, 새로운 체험이 있으면 특별히 말하지 않아도 아이들은 좋은 글을 쓰게 되고, 그 글 속에는 시적인 언어가 상당히 많다. 또 정말 아름다운 시도 많다. 어린아이들이 비유를 배우지 않아도 비유를 쓰는 것처럼 말이다. 아이들이 가지고 있는 감성을 보듬어 살려주면 되는 것이다. 어떤 체험일 때 이 감성이 잘 살아나는가? 어떤 전략을 썼을 때 이 감성이 잘 살아나는가? 어떤 시를 예로 들었을 때 이 감성이 살아나는가를 고민하면 된다. 어려운 얘기 같지만 함께 연구하고 이야기하고 실천하는 가운데 답이 있다. 일단 그동안 해 온 시 쓰기와 쪽지글 내기를 계승하여 꾸준히 하고, 여름 연수 때 배운 내용을 교실에 풀어 본다. 또한 한 학기 동안 여름 연수 자료처럼 저마다 한 가지 체험 활동 지도안을 만들어 실천하고 토론하면 된다. 2학기 끝 무렵에는 이를 바탕으로 열다섯 개 정도의 시 수업안을 만들 수 있을 것이다.

시의 고유한 영역이 뭐냐는 질문이 나왔는데 더 공부해야 알겠지만 내 생각에는 간결성(함축성, 상징, 비유), 응축성(내용의 정제), 표현의 아름다움, 새로운 기법(치환, 비판, 발견, 깨달음 등), 리듬(운율) 등이 있을 것 같고 이를 강화하는 체험 활동 수업안이 나오면 좋겠다. 내가 지난번에 발표한 전래 동요는 시의 리듬감을 잘 살리는 수업안이고, 솟대는 시의 응축성을 살리는 수업안인 것 같았다. 숲 활동의 선 표현과 염색 놀이의 오감 받아 적기는 발견과 상상력을 기르는 수업안이었다. 전략으로 보면 거울 사용은 오감과 상상력을 발휘시키는 것이다.

문제라고 느낄 때 또 다른 발전을 할 수 있는 씨앗이 그 안에 있다. 잠시 멈춰 그동안 살아온 우리 삶을 잘 들여다보아야 한다. 그 안에 답이 있다.

9월 8일(월) 동글동글 토마토

오늘 재량 시간에 텃밭에 나갔다. 방학 바로 직전에 나가 관찰한 적이 있는데 한 달만에 다시 나갔다. 먼저 아이들과 한 줄로 서서 관찰하며 변화된 모습에 대해 이야기했다. 그리고 저마다 자유롭게 관찰하고 싶은 것을 자세히 보게 했다. 가능하면 오감을 살려 보라고 했다. 눈, 귀, 코, 입, 손으로 느끼는 것이다. 다 관찰한 다음 한자리에 모여 앉았다.

처음부터 아이들은 변화를 금세 읽었다. 벼 이삭이 길게 생겼다는 것과 감자, 가지, 고구마, 호박, 고추 등을 이야기했다. 무당벌레, 개미, 잠자리를 잡은 아이도 있었다.

한자리에 앉은 아이들한테 자기 느낌들을 물어보았다. 예전처럼 "그냥 좋아요.", "멋져요.", "예뻐요." 이렇게 추상적으로 말하는 아이는 거의 없었다. "까칠까칠해요.", "배 같아요.", "박이 엄청 커요.", "빨간 고추, 파란 고추 봤어요." 등 구체적으로 오감을 살려 이야기했다. 또 아이들 손에는 텃밭에서 주운 것들이 있었다. 반으로 쪼개진 감자, 방울토마토, 뭉툭한 가지 등이다. 아이들이 가지고 있는 것들을 달라고 하여 아이들 전체 앞에서 느낌을 물어보았다. 바나나처럼 휜 가지와 절구 방망이처럼 뭉툭한 가지가 있었다. 사실 언어와 비유 언어가 모두 나왔다. 배, 방망이, 코끼리가 떠오른다고 했다. 바나나처럼 생긴 가지의 꼭지는 정말 코끼리 같았다. 듣는 아이들이 대부분 고개를 끄덕였다.

교실에 들어와 금방 본 것에 대한 글을 썼다. 노란 도화지를 작게 잘라 주고 시처럼 써 보라고 했다. 이렇게 이야기하면 어떤 아이는 "선생님, 일기처럼 쓰면 안 돼요?"라고 물어본다. 물론 된다고 했다. 전래 동요, 어린이 시 등을 많이 감상해 보았기 때문에 대충 감으로 알아듣는다. 그 전에는 특히 오감으로 나타내기를 할 때 답답한 점이 있었다. 오감은 생생한데 시의 리듬이나 운율이 잘 안 보였기 때문이다. 그런데 요즘 글은 리듬과 내용이 모두 시처럼 간다. 시로 가려면 시의 요소를 자연스럽게 익혀야 아이들이 쓰고 싶을 때 이용을 한다.

예를 들어, 전래 동요가 리듬에 많은 도움을 주었다. 〈하나 하면 할머니가 지팡이 짚고서 잘잘잘〉을 들려주고 말 바꾸기를 하면 너무 쉽게 즐기며 바꾼다. 〈타박네야〉, 〈뒷산 늙은 호랭이〉도 마찬가지다. 〈원숭이 똥구멍은 빨개〉도 그렇다. 아이들은 놀이를 하고 노래를 부르며 리듬을 익히는 것이다. 시의 간결성(함축성) 배우기에는 '할 말을 한 문장으로 드러내기'가 도움이 된다. 글을 읽거나 쓸 때, '마지막에 한 문장으로 표현하기'가 도움이 되었다. 상상력 배우기에는 '떠오르는 말 바로 적기'가 좋고, 감성을 살리려면 '오감으로 체험하고 표현하기'를 자주 하면 된다. 내용의 진실성을 공부할 때는 평소 산문 쓰는 것처럼 솔직하고 정직하게 있는 그대로 쓰기를 꾸준히 한다. 시의 요소를 알고 이를 배울 수 있는 체험과 표현의 활동 수업 전략이 필요하다.

토마토

동글동글 토마토
땡글땡글 토마토
굴러가다가 멈추면
헥헥헥(박창균)

위 글은 창균이란 우리 반 아이가 오늘 방울토마토 두 개를 주워 가지고 놀다 적은 시다. 한 순간을 잘 붙잡은 아주 맑은 시다. 글쓰기 공책에는 '냄새는 좋다. 떠오르는 생각은 긁힌 눈사람, 모양은 동그랗다.'고 썼고 나누어 준 노란 종이에는 이런 시를 적었다. 실제 관찰하고 모여 전체 이야기를 나눌 때도 새로운 이야기를 많이 했다. 토마토 두 개를 들고 백 원짜리 십 원짜리란 비교 말을 했다. 또 두 개를 합쳐 눈사람 그림을 그려 놓았다. 바닥에서 주운 것이라 상처가 많이 나서 긁힌 눈사람이 떠올랐다고 했다.

해바라기

난 해바라기가 이뻐서 해바라기를 조사하였다.

근데 해바라기야, 거기 담장 아래서 까치발 들고 누굴 기다리니?

해바라기야,

해바라기야, 거기 꽃밭에서 까치발 들고 누굴 보니?

해바라기야.(황재희)

오늘은 창균이의 토마토 시가 너무 좋아서 읽고 또 읽어 보았다. 우리 반 아이들 글쓰기 공책에 나오는 글이 너무 좋다. 내가 가르치는 것이 아니라 아이들 감성 언어에서 내가 배운다. 아이들도 자연이다. 토마토랑 논다. 굴러가는 토마토를 보고 '헥헥헥'이라고 표현하고, 까치발 들고 있는 해바라기를 보는 아이들의 특징은 참으로 맘이 맑다는 것이다.

9월 9일(화) 즐추보다월봐!

아침에 출근할 때 우리 반 보디가드들 때문에 즐거운 하루를 시작할 수 있어 이런 아이들을 만나게 해 준 걸 감사하게 생각하고 있다. 그 어느 때보다 웃음으로 시작하는 하루가 좋다. 아이들 리듬대로 너무 심각하게 생각하지 않고 경쾌한 마음으로 일을 풀어 가려 한다.

운동회 율동 연습을 하는데 남자아이들 네 명이 하도 말을 안

들어 앞문을 보고 붙어 있으라고 했다. 그 사이에도 아이들은 고개를 들어 서로 이야기를 나눈다. 산만한 것도 있지만 끊임없는 생명력도 느껴진다. 나도 장난기가 생겼다. 무서운 목소리로 꼭 붙어 있으라고 한 다음 앞문을 천천히 열었다. 아이들도 덩달아 문과 붙어서 움직였다. 다시 문을 닫았다. 아이들도 따라갔다. 재미있어 보였다. 나도 붙어서 함께 가 보았다. 유리가 있다고 생각하고 연극을 하는 기분이었다. 아이들도 눈치를 챘는지 킥킥거리며 왔다갔다 했다. 그럴수록 일부러 더 근엄하게 말했다.

"연습할 때 집중해서 해야 해. 어서 들어가."

오늘은 추석 연휴라 전교가 4교시만 했다. 일주일 동안 과제는 두 번 이상 일기 쓰기다. 새로운 경험을 할 터이니 글로 남기면 좋을 듯했다. 급식하기 전 알림장 쓸 때 칠판에 이렇게 썼다.

즐 추 보 다 월 봐!

이게 무슨 뜻인지 아느냐고 물어보았다. 몇 명은 이미 눈치를 챘다.

즐거운 추석 보내고 다음 월요일에 봐!

아이들도 고개를 끄덕였다. 함께 읽어 보았다. 일주일 동안 못 본다. 밥 먹고 집으로 가는 아이들 머리를 쓰다듬어 주었다. 별일 없이 즐겁게 보내길 바란다.

9월 12일(금) 없음

강함과 약함
직선과 곡선
선과 악
잘함과 못함
삶과 죽음
함과 안 함
현재와 미래
수없이 많은 판단 속에서 벗어나라.
아무것도 없이 머물러라.
내가 없으면 판단도 없다.
그냥 존재한다.
모든 것이 하나다.

9월 19일(금) 선생님 빤스는 냄새나요

요즘 운동회 연습하느라 바쁘다. 다음 주가 운동회라 아침엔 전체 입장, 퇴장, 이어달리기 연습 등을 한다. 우리 2학년은 날마다 2교시에 무용과 단체 경기 연습을 한다.

전체를 중심에 둔 운동회가 교육에 걸맞은가를 곰곰이 따져 보아야 한다. 하지만 교육 현실은 구성원들이 이것에 대해 차분히 고민하고 토론하여 합의할 만큼 녹록하지가 않다. 개인의 의지와 상관없이 우리가 그동안 만들어 놓은 문화와 관련이 있다. 물론 개인들의 노력이 쌓여서 구조와 문화도 바뀌지만 당장의 현실은 그렇지 않다.

아침 1교시까지 넘겨 가며 입장, 퇴장 연습을 하고 계단에 앉을 자리를 정하여 어느 곳에 앉아야 하는가를 훈련해야 한다. 아이들이 적다면 앉을 자리까지 연습하여 앉지는 않을 것이다. 슬픈 현실이다. 또 전체에 맞춘 연습이란 군대식 방법이 동원된다. 요즘은 운동회 내용이 옛날처럼 고된 훈련을 필요로 하지 않기 때문에 덜하긴 하지만 음악을 틀어 놓고 율동을 한다고 해도 연습은 필요하다. 전체 연습은 아이들의 의사와 상관없이 굴러간다.

그래서 교사는 힘들다. 너무 연습에 맞추다 보면 지나치게 아이들을 혼내거나 평소와 다르게 때리거나 욕설을 한다. 개인의 잘못이라기보다 전체에 맞추려는 의도 때문이다. 최대한 즐겁게 아이들과 웃으며 참여하려 해도 쉽지 않은 일이다. 내가 할 수 있는 일엔 최선을 다하지만 언어폭력, 몸 폭력은 쓰지 말아야 한다는 원칙을 세워 놓고 실천하려고 한다. 가능하면 말로 이해시키려 한다. 결과가 전체에 당장 맞추어지지 않더라도 길게 보면 이 방법이 맞다.

연습하며 웃음을 찾아본다. 또 저절로 찾아오기도 한다. 심심한 아이들은 나에게 농담을 걸어온다. 〈도깨비 빤스〉 노랫말을 바꾸어 놀린다.

"선생님 빤스는 냄새나요. 더러워요."

그럼 나도 지지 않고 받아친다.

"○○의 빤스에 똥 묻었어요. 아무리 빨아도 안 떨어져요. 냄새나요."

아이들은 더욱 신나서 말을 바꾸어 가며 놀이에 빠져든다. 놀이의 재미도 있지만 아이들과 함께 웃을 수 있다는 것이 좋다. 웃음은 나도 모르게 얼굴을 밝게 하고 마음을 편안하고 느긋하게 만들어 준다. 수업할 때도 평소보다 훨씬 너그럽게 아이들을 대할 수 있게 된다.

즐거운 생활 시간에 열차 만들기를 하여 교실 앞에서 놀던 여자아이 두 명이 다가왔다. 나보고 움직이지 말고 가만히 있으라고 했다. 한 명은 내 목에 손을 걸고 안겼다. 한 명은 내 팔에 매달렸다. 그리고 나에게 자기를 안지 말고 가만히 있으라고 했다. 몸에 힘이 들어갔다. 내가 나무 같았다. 이것을 본 남자아이들 서너 명이 내 등과 다리에 매달렸다. 중심을 잃고 한꺼번에 넘어졌다. 웃을 수밖에 없는 상황이다. 아이들은 내가 넘어지는 장면을 진짜 재미있어 하며 즐기는 듯했다.

급식하고 집에 가는 녀석들이 인사 대신 나를 놀리며 도망갔다. 빨리 도망가야 내가 놀리는 것을 피할 수 있기 때문이다.

"선생님 빤스는 냄새나요."

9월 23일(화) 운동회, 무엇을 지향하는가?

내일이 운동회라 거의 일주일 동안 아침 여덟 시 반부터 입장, 퇴장 연습, 이어달리기, 체조를 하고 날마다 2교시는 학년 단체 경기, 무용 연습을 한다. 단체 경기 물품 만들랴, 운동장에서 일하는 체육 부장 도와주랴 정신이 없는 것이 사실이다.

어제 총연습을 하고 교사들이 모여 평가를 했다. 주로 교장, 교감, 교무 선생님이 말했지만 주로 초점은 "어떻게 잘할 것인가"였다. 물론 맞는 말들이다. 줄 서는 문제, 프로그램 차례, 동작 등에 대한 이야기들이 나왔다. 처음 시작할 때부터 사실 아이들 중심의 운동회는 아니었다. 교사들이 모여 "운동회라는 교육 과정의 행사를 어떻게 치를 것인가?" "무엇을 위해 하는가?"란 질문이나 충분한 토론이 없는 상태에서 이것은 예견된 것이 아니던가? 진행되는 와중에 이런저런 지적을 하는 것도 의미가 없다. 그냥 같이해서 어려움들을 함께 풀어 나가는 것이 제일이다. 그래서 나름대로 최선을 다한다. 단체 경기 연습할 때, 학교 운동회 준비할 때 빠져 있기보다 함께하는 것이 지금으로서는 최선의 길이다.

난 다른 것은 몰라도 아이들이 계단에 네 시간 이상 앉아 있는데 자리도 좁고 너무 더워서 앉아 있기 힘들다는 문제를 얘기했다. 특히 저학년 아이들은 힘들면 화장실 간다, 물 먹으러 간다 하고 다른 곳에서 놀다 돌아오곤 한다. 물론 사고 날까 걱정은 있지만 오히려 이런 아이들이 낫다. 개인으로 볼 때 어려운 상황을 그래도 잘 버틴다. 좀 쉴 수 있으니까. 하지만 선생님 말을 잘 듣는 아이들은 끝까지 자기 자리를 지킨다. 참 예쁜 아이들이다.

총연습하는 날, 두 시간이 지나니 아이들 얼굴이 벌겋게 달아올라 있었다. 나도 함께 앉아 있어 보았는데 참지 못하고 그늘이 조금 있는 계단 위로 올라가야 했다. 나도 힘들어 피하는 곳에 아이들을 앉히는 현실은 너무 슬프다. 보다 못해 우리 학년 아이들을 그늘 쪽으로 옮겨 있게 했지만 이 또한 다른 학년과 형평성이 안 맞으니 문제였다. 그래서 회의 시간에 그늘 쪽으로 1, 2학년을 옮기자고 했다. 그러면 다른 학년도 앉을 자리가 넓어져 계단 위로 옮기면서 직사광선을 피할 수 있다.

이 이야기에 이어서 손님들 자리가 없어진다, 저학년은 관리가 어려우니 오후 프로그램에는 참가시키지 말고 집에 보내자, 그늘로 옮기자 등 다양한 의견들이 나왔다. 결과가 어찌 되었든 이런 논의가 활발해야 된다. 요즘 우리가 하는 일들은 무엇을 위해서인지도 모르고 진행되는 경우가 많다.

운동회도 잘 생각해 보면 아이들을 위한 것이라기보다는 뭔가 다른 목적이 있다. 아이들도 힘든 일을 왜 해야 할까? 주로 전체에 맞추는 연습뿐이다. 줄 서기, 앉는 연습, 만세 두 번, 선서 등 아이들이 좋아서 즐기는 것보다 전체 일정에 아이들이 맞추어지는 것이다. 뭔가 다른 방안이 있을 것이다.

남한산학교에 2년 있다가 이런 운동회를 다시 치러 보니 비판

할 마음보다는 안타깝다는 생각이 든다. 쨍쨍 내리쬐는 햇볕 아래서 그 많은 흙먼지를 마시며 프로그램에 세 번 참가하기 위해 하루 종일 앉아 있는 아이들을 생각한다면 뭔가 다른 길을 찾아야 하지 않을까?

내일이 운동회다.

그냥 넘겨

10월 1일(수) 죽도록 맞아라

하루 종일 한쪽 가슴에 큰 덩어리가 꽉 끼어 있는 듯 숨이 답답했다. 생각을 없애려고 일부러 땀 흘려 뛰어다녔건만 답답함은 여전하다. 차라리 지휘봉으로 죽도록 맞으면 좋을 것 같다. 언제나 그렇듯이 난 아이들에겐 엄격하면서 나 자신에게는 너무 관대하다. 잘못을 하고도 한참을 지나서야 잘못을 깨닫고 아파한다. 하지만 아파하면 무엇하겠는가. 이미 엎질러진 물인 것을.

지난주 운동회 끝나고 나서 우리 반은 물론 학교 전체 아이들이 아주 산만하다. 운동회가 끝났으니 아이들에게 평소보다 좀 엄격하게 하여 차분한 분위기를 만들어야겠다는 생각을 했다. 그래서 월요일부터 수업 시간 지키기, 종 치면 다음 시간 책과 공책 펴 놓기, 집중력, 과제 수행력 등을 꼼꼼하게 확인해 왔다. 이럴 때가 제일 피곤하며 답답하다. 하지만 너무 자유롭게 놔두면 다른 친구들에게까지 방해가 되어 할 수 없이 거쳐야 하는 길이라고 믿었다.

오늘 일이 벌어졌다. 3교시에 교무실에서 전화가 왔다. 행정실 요구로 급하게 공문을 처리할 일이 생겼다. 반 아이들에게 쓰기 자습을 내고 나가며 수업 시간이니 절대로 밖으로 나가면 안 된다고 몇 차례 다짐을 하고 나갔다. 10분 정도 지나 교실에 들어오니 대여섯 명의 자리가 비어 있었다. 일단 화가 났다. 그렇게 이야기하고 나갔는데 이럴 수가 있나. 조금 지나서 나간 아이들이 들어왔다. 공부할 때 쓰던 지휘봉으로 엉덩이를 한 대씩 때려 주었다. 선생님이 수업 시간에 나가지 말라고 얘기했건만 어떻게 이럴 수가 있느냐고 언성을 높였다. 무엇을 했는지 아이들 얼굴은 빨갛게 달아올랐고 앞이마를 덮고 있는 머리카락이 촉촉이 젖어 있었다. 맞은 아이들 가운데 새로 전학 온 여자아이가 있었다. 처음엔 들여보내려다 똑같이 한 대씩 때려 주었다. 여자아이만 엉엉 울었다. 아주 아팠을 것이다.

평소 같으면 왜 그랬느냐고 물어보거나 벌을 세우고 말았을 것을 화가 나서 더 그런 것이다. 화가 안 났다면 매를 들었어도 이렇게 마음이 아프지는 않았을 것이다. 아이들 잘못 이전에 내 판단 기준과 아이들이 날 따라주지 않은 서운함이 먼저였기 때문이다. 나중에 아이 엉덩이를 문질러 주었지만 이미 잘못한 것을 되돌릴 수는 없었다. 매로 해결하는 모습은 또 하나의 폭력이다. 그럴 줄 알면서도 꼭 이런 일이 생긴다. 그래서 미치겠다.

아이들이 간 뒤에 지휘봉을 부러뜨려 아예 없애 버리려고 발로 밟았지만 딱딱한 나무는 절대 부러질 줄 몰랐다. 나중엔 쓰레기통에 던져 넣어 버렸다. 작년 선생님이 쓰다 놓고 간 지휘봉인데 이렇게 사용될 줄 알았으면 버렸어야 했다. 초임 때도 이런 일이 있어 그 뒤로 지휘봉은 아예 교실에 두지 않았다. 그 대신 아이들한테 집에서 헌 안테나가 있으면 가져오라고 하여 이것으로 지휘봉을 하곤 했다.

맞는 모습을 본 다른 아이들도 놀랐다. 매는 폭력일 뿐이다. 누가 옆에서 보았다면 말 그대로 폭력 교사다. 아무리 내가 잘한다고 해도 오늘 준 상처는 아이들 가슴에 끝내 남을 것이다. 그게 무섭다. 정말 내 자신이 한심하다.

가만히 생각해 보면 내 잘못이 훨씬 많다. 수업 시간에 교실을 비운 일, 말로 하지 않고 매를 든 일, 내 욕심을 앞세운 일 등이다. 내 잘못은 모르고 아이들 탓만 한 꼴이다. 가슴이 답답하다. 내 자신이 쪼그라들어 이렇게 작아 보일 때도 없다. 자숙하며 반성해야 한다.

10월 6일(월) 음악, 선, 이야기

국어 시간에는 '인물이 한 일을 상상하여 말하기'가 목표이고 즐거운 생활 시간에는 '음악 듣고 느낌을 다양한 선으로 표현하기'가 목표이다. 국어 시간에는 옛이야기를 들려주고 등장인물에게 편지 쓰기를 했다.

즐거운 생활 시간에는 〈에델바이스〉와 동요 경음악을 들려주고 선으로 나타내기(색연필, 연필, 크레파스, 사인펜 등을 자유롭게 이용)를 했다. 선으로 나타낸 그림을 보고 제목과 간단한 글을 적도록 했다.

떨림 줄

덜덜덜 떨림 줄
뗩뗩뗩 스타카토 줄(한주은)

울퉁불퉁 길

울퉁불퉁
이리저리 있는 줄
울퉁불퉁 길(김소희)

심장 뛰는 기계

죽었다.
살았다.
죽었다.(남상희)

파도

파도가 음악과 같이 따라서 파도라고 지었다.
파도도 이렇게 흔들리면서 가니까.(김민정)

꿈나라

꿈나라에 어지러운 놀이터가 있어요. 태풍도 있답니다. 또 하트가 있어요. 공주와 왕자가 사랑하네. 와 —.(홍아름)

어지러운 줄무늬 옷

어느 나라에 줄무늬 옷을 처음 만들 때였어. 그 줄무늬 옷은 너무 어지러웠지만. 반복하여 줄무늬 옷이 너무 너무 쉽게 만든다는 것을 알게 되었어. 지금까지 이 줄무늬 옷을 만들었대.(황재희)

이상한 나라

빙글빙글 열차가 돌아가고
삐죽삐죽 산을 넘어간다.
이젠 평평한 길이다.(여한솔)

구름과 비

구름에 물이 많이 차 있어서 비가 쭈룩쭈룩 억수같이 내립니다.(손아영)

달팽이 나라

달팽이가 들어가서 자는 모습.(방민화)

어지러움

어지러운 것들이 어질어질
돌아돌아 도는 세상
기절기절
어지러 털썩
푹.(심은지)

지렁이 기차

지렁이들이 모여서 기차를 탄다.(김세린)

가는 신, 꼬는 신

쭉쭉 피어 있는 가는 신아
이구 길어라.
꼬는 신 정말 답답하네.(장수지)

무서운 번개

정말 번개가 치는 것 같다. 헤헤.

내가 지어낸 것은 미국 미시시피 400년 전의 번개가 친다.(문혜진)

심장이 뛰다가 심장이 망가진 기계

심장이 번개 맞은 느낌.(박민)

10월 8일(수) 원시 심성

4교시 마치고 같은 학년 선생님들과 마석에 있는 모란공원으로 현장 연수를 갔다. 자연과 어우러진 단층 건물과 아담한 정원이 맘에 든다. 정원 곳곳에 자리 잡은 조형물들은 발걸음을 멈추게 한다.

지하 전시실에는 남태평양 원시 부족들의 탈, 방패, 나무에 조각한 그림들이 전시되어 있었다. 부드럽고 편안했다. 왜일까? 쭉 둘러보고 다시 지하 전시실을 찾았다. 다른 곳에 있는 작품들은 대체로 난해했다. 금방 알아차릴 수 없는 상징성이 있었다. 차이가 뭘까 생각해 보았다. 원시성이 살아 있기 때문이다. 인간이면 누구나 갖는 심성을 바탕에 두고 있는 작품들이다. 또한 작가라는 직업이 아니라 삶에서 자연스럽게 나온 생활 예술이다. 주변에서 볼 수 있는 생활 이야기를 조각으로 표현했다. 아프리카 원시 부족들은 환조를 많이 만들었는데 남태평양 원시 부족들의 작품은 부조가 많았다. 생활 속에서 나온 이야기를 담아 생활 장소에 걸어 놓으니 직접 사용하는 생활용품에 가까웠다. 예술이란 무엇인가도 되묻게 되었다.

다른 곳에 있는 조형물들은 복잡하다. 다양한 해석이 가능하다. 물론 다양한 해석도 좋지만 난해함은 인간 소외의 또 다른 측면이란 생각이 들었다. 귀와 귀를 꽉 묶고 있는 작품처럼 현대인들은 자기 할 일에 바쁘고 서로 소통이 잘 안 된다. 작품 또한 서로 소통이 잘 안 된다는 생각이 들었다. 소통이 안 됨을 표현하는 그 작품 자체도 소통이 잘 안 된다. 다양한 상징성, 다양한 표현 방법의 도입도 좋지만 예술은 인간의 가장 근원에 자리 잡은 원시 심성을 바탕으로 해야 할 것 같았다. 어린아이들의 모습을 보면 잘 알 수 있다. 음악이 나오면 흥에 겨워 몸을 흔든다. 연필, 종이, 벽, 바닥, 나뭇가지 등이 나오면 뭔가 그려서 표현하려 한다. 흥에 겨우면 알아듣지 못하는 말로 흥얼거린다. 자기 혼자 역할극도 한다. 이런 심성을 바탕으로 해야 서로 자연스런 소통을 할 수 있다.

어른이 될수록 현실의 이익과 눈앞의 결과에 얽매인다. 원시 심성은 앞뒤를 따지지 않고 감성에 의존하는 것이다. 남에게 피해를 주지 않는 범위 안에서 자기표현의 솔직함이 있어야 창의성도 나온다. 동화를 쓸 때도 작가가 조종하는 인물이 아니라 작품의 인물이 가고 싶은 곳, 가야 할 곳을 스스로 선택하도록 거리를 둘 줄 알아야 작품이 살아난다. 인물이 가야 할 곳은 어디인가? 그것은 현실의 구조, 가치, 적응 속에서 나오는 것이 아니라 원시 심성에서 나온다. 이 원시 심성을 보듬어 주고 그대로 보아줄 수 있으면 더 나은 세상을 열 고리를 제시할 수 있다. 그래서 예술은 인간 본성에 대한 탐구일지도 모른다.

유치원 아이들이 모란공원에 현장 학습을 왔다. 조그마한 아이들이 한 줄로 서서 앞 아이의 어깨를 잡고 힘겹게 좇아가는 모습이 왠지 안쓰러웠다. 우리 학년의 한 선생님은 저런 교육도 필요하다 했지만 지켜야 할 일을 가르치기 위해 감상할 때 앞 사람의 어깨를 잡아야 하는 현실은 지나친 강요가 아닐까 한다. 아이들 심성보다 어른의 질서를 더 크게 생각하는 것이다. 남태평양 원시 부족의 자연스런 작품들 사이에서 원시 부족의 작품과 가장 닮은 아이들의 부자연스러움이 부조화를 낳고 있었다. 그 또한 현재 우리 시대의 소통 단절을 의미한다. 아이들이 원하는 것, 어른이 원하는 것 사이의 단절 아닌가? 둘 사이에 뭔가 자연스런 소통이 없다.

교실도 마찬가지다. 나와 아이들, 학부모 사이의 자연스런 소통이 있는가? 학부모는 학부모대로 솔직한 대화를 나누려 하지 않고, 교사는 교사대로 뭔가 막혀 있는 채로 그냥 교실에 온 아이들만 가르치려 한다. 이곳에서 신뢰를 쌓기란 쉽지 않다.

그래서 오늘 모란미술관의 많은 작품들 가운데 남태평양 원시 부족의 자연스런 작품들이 내 눈에 들어왔을지도 모른다.

10월 14일(화) 난 참 어설프다

내일 연구 수업이라 수업안을 수정하여 복사하고 교실 뒷정리를 하였다. 내가 수업을 준비하는 모습을 보며 여러 분들이 도와주셨다. 그냥 보기에도 좀 어설펐나 보다.

같은 학년 선생님들은 뭐 도와줄 것 없느냐고 걱정을 하시고, 코팅, 자료 복사 등을 해 주시며 우리 교실을 들락날락하셨다. 사실 내가 뭘 특별히 준비하는 것이 있어야 이것저것 도와 달라고 할 텐데 내 자신도 그렇게 큰 준비를 하고 있지 않으니 미리 도움을 요청할 수도 없는 노릇이다. 목련반 선생님이 오셨다. 어저께 내가 붙여 놓은 아이들 작품을 다시 바르게 붙여 주셨다. 나도 사실 바르게 붙이려고 노력한 것인데 워낙 감각이 없다 보니 작품이 바르게 전시되지 않았다. 손수 고쳐 주는 선생님의 마음이 고마웠다.

오후에 우리 반 학부모님 여러 분이 오셔서 청소도 해 주시고 꽃도 사다 꽂아 주셨다. 유리창 닦기, 바닥 왁스칠 등 힘든 일인데도 정성을 아끼지 않았다. 우리 반 학부모님들도 사실 내가 준비하는 모습에 안타까움을 느끼나 보다. 꼼꼼하고 정확하게 차별되는 것이 없으니 그럴 수밖에 없다. 아무튼 오랜만에 국화 향이 교실에 퍼져서 좋다.

아침에는 한솔이가 동화책 두 권을 들고 왔다. 한솔이 어머님이 읽어 보시고 너무 좋다고 아이들에게 들려주면 좋겠다고 했다. 《바위나리와 아기별》과 《엄마의 의자》였다. 마침 말하기, 듣기 시간에 이야기 상상하기가 있어 《엄마의 의자》(베라 윌리엄스, 시공주니어)를 읽어 주고 상상하기를 했다. 책 주인공처럼 동전을 모아 저금을 한 뒤, 온 식구가 모두 행복해질 만한 물건을 산다면 무엇을 살 것인지 상상하여 그림도 그리고 내용도 쓰라고 하였다.

나는 장농을 살 거다. 왜냐하면 내가 쓰던 걸 내 동생이 달라고 해서 주었다. 그래서 난 장농을 사야 한다. 그렇지만 아직은 저금통에다 더 돈을 모아야 한다.(황재희)

나는 옆에 있는 돈 갖고 무엇을 살 것이냐 하면 색종이를 살 거다. 왜냐하면 우리 가족이 색종이 접기를 좋아해서 색종이를 사고 싶다.(이미나)

나는 부모님을 위해 침대를 사 드릴 거다. 왜냐하면 침대를 사면 잠을 잘 때 푹신푹신하게 자니까.(이은재)

저금통이 꽉 차서 책상을 샀어요. 책상에서 공부도 하고 책도 읽을 수 있고 엄마가 요리책을 볼 때도 편하게 볼 수 있어요. 가족은 행복해졌어요.(박민)

어설프게 준비하고 있지만 중요한 것은 이런 기회를 통해 수업에 대해 좀 더 고민하고 아이들과 즐거운 시간을 보낼 수 있다는 것이다. 또 내 어설픔 속에서 다른 사람의 고마움을 느낄 수 있는 하루였다. 내일 아이들과 진짜 재미있게 보내 봐야지.

- 내일 수업 흐름

1. 보물 상자 속에 토끼 인형을 넣어 두고 질문하여 무엇이 들었는지 맞히기를 한다.
2. 사이다와 콜라를 준비하여 투명 유리컵에 섞으며 떠오르는 낱말이

나 벌어질 상황을 상상하여 말한다.

3. 〈금붕어 두 마리와 아빠를 바꾼 날〉을 들려주고 크게 복사된 그림 보며 단서 찾기와 뒷이야기 상상하여 나타내기를 한다.
4. 위기철 님의 〈꽃담이가 하나 더 있었으면〉 동화 앞부분을 읽어 온 다음 뒷이야기를 발표한다. 끝.

10월 15일(수) 아이들을 믿어야

오늘 연구 수업을 했다. 같은 학년 선생님들이 교실에 오셔서 휴지 떨어진 것 없나, 가방은 잘 걸려 있나, 읽기 책 안 가져온 아이는 없나 챙겨 주시니까 2학년인 우리 반 아이들도 뭔가 분위기를 실감하고 있었다. 셋째 시간 끝날 무렵 교실 뒤편에 교사용 의자 네 개를 갖다 놓자 우리 아이들은 진짜 뭔가 벌어지나 보다 싶은지 제법 긴장하는 눈치였다. 선생님들이 "백합반 잘해라, 파이팅!" 하며 나갔다.

수업 시간 아이들의 태도는 정말 차분하면서 활기찼다. 그렇게 까불던 아이들도 분위기 탓인지 집중을 잘했다. 보통 때는 발표를 하다 다른 것으로 넘어가면 자기는 시켜 주지 않았다며 불평하는 아이들도 많았다. 오늘은 내가 진행하는 대로 따라가면서 발표를 열심히 했다. 처음 보물 상자 속 토끼 인형 맞히기부터 사이다와 콜라를 섞는 장면을 보며 앞으로 일어날 일 상상하여 말하기, 실물 화상기에 비추어진 그림 보며 동화 듣기, 컬러로 확대하여 복사한 그림 비교하여 말하기, 학습지에 사건 끼워 넣기, 위기철 님의 〈꽃담이가 하나 더 있었으면〉을 읽어 온 다음 뒷이야기 발표하기까지 즐겁게 수업에 임했다.

보는 분들이 어떠하든 아이들이 대견했다. 믿음직스러웠다. 잘못된 것이 있다면 내 한계일 것이다. 수업이 끝나고 두 분 교장, 교감 선생님은 수고했다며 나가셨고 함께 오신 여자 교감 선생님은 두 가지 질문을 했다. 첫 번째는 "목표를 칠판에 제시하면 어떠한가?"였다. 상상을 하는 수업에서 도입을 할 때, 작은 상자 속에 토끼 인형을 넣은 다음 아이들이 질문을 하고 내가 대답하여 맞추기를 했다. 이어서 사이다 한 잔에 콜라 한 잔을 섞었을 때 어떻게 될까에 대해 묻고 답하도록 하였다. 앞 장면을 잘 살펴야 다음 장면을 상상할 수 있다. 실제 눈으로 본 장면이 단서가 되어 다음 장면을 상상할 수 있도록 하였다. 굳이 칠판에 쓰지 않아도 활동하면서 알게 되고 말로 하는 정도로 충분하다고 보았다. 두 번째 질문은 "교과서에 있는 〈내가 하나 더 있었으면〉이 학년 수준에 더 맞지 않을까?"였다. 오늘 도입한 동화는 평가 단계에서 쓰고 교과서에 실린 글을 중심에 놓으면 어떨까, 하는 질문이었다. 물론 그렇게 할 수도 있다. 나는 〈꽃담이가 하나 더 있었으면〉이 원저자인 위기철 선생님의 동화집 《쿨쿨 할아버지 잠깬 날》 속의 〈내가 하나 더 있었으면〉이란 동화와는 완전히 다른 작품이라고 보았다. 원작을 바꾼 것이다. 원래는 아빠와 꽃담이의 이야기인데 교과서에서는 할머니와 어머니가 등장하고 안마를 하는 내용이 나온다. 또 경어체로 바뀌어 있다. 이런 경우 원작을 쓰지 않으면

영 다른 이야기가 된다. 상상의 한계도 있다. 그래서 마지막 단계에 뒷이야기 상상하기를 하고 나중에 원작의 결론을 들려주어서 비교하기를 할 작정이었다. 이 내용은 수업안 앞에서 단원 분석할 때 밝혀 놓았다.

시간이 있다면 이런저런 이야기를 나누는 과정이 더 좋았을 터인데 하루에 세 학교를 다녀야 하고 실기 대회라는 틀이 있으니 점수도 주어야 할 것이다. 난 이런 기회에 단원 분석을 좀 더 철저히 하여 다른 때보다 정성을 다한 수업 그 자체에 만족한다. 40분 수업으로 끝나는 것이 아니니까. 사실 우리 반 아이들이 보인 수업 태도, 상상력, 집중력 등도 평소 내 수업 방식과 관련이 있는 것이다. 오늘 수업은 이전 수업과 앞으로 이어질 수업 속에서 판단되어야 한다. 둘째 마당이 모두 끝나면 스스로 평가하고 반성해야 하겠다.

아무튼 오늘 아이들이 잘해 주어서 믿음직스러웠다.

10월 16일(목) 아이들끼리 말하기

국어 시간에 수수께끼 풀기가 나왔다. 집에서 열 문제씩 내 오도록 했다. 준비한 아이들이 문제를 내면 나머지 아이들이 답을 맞히기다.

처음엔 말하는 형식을 이야기했다. "맞습니까?" "틀렸습니다."

"정답입니다." 등이다. 아이들끼리 말하는 것을 가만히 보니 자연스럽게 말하기가 되고 있었다. 굳이 형식을 갖추지 않아도 말하고 싶으면 말하면서 형식도 배운다. 형식으로 말을 막기보다 자연스런 말하기를 할 때, 훨씬 다양한 언어가 나왔다.

어? 메롱!

이번엔 좀 안 시킨 아이를!

그래, 해 봐.

힌트.

답을 물어보면 어떡해?

딩동댕~

너,

나,

오! 맞았어.

뭐라고 그랬어?

저요, 저! 저!

아니, 아니야, 모르겠어.

뭐?

힌트 좀 줘.

나 문제 못 들었어.

맞았어.

나 생각났다.

오 마이 갓!

딩댕걸~

이향아, 시켜 줘.(무릎을 꿇으면서)

뭐라고?

자연스레 몸짓을 해 가며 주고받는 말이 너무 귀여웠다.

10월 20일(월) 바람을 먹어요

지난 토요일 인천에 있는 친구 집들이에 식구들과 갔다. 일요일에는 여의도에서 열린 전국교사대회에 다녀왔다. 저녁에 피곤하여 금세 잠이 들었다.

그런데 지금까지 기억에 남는 말이 있다. 인천에 갔을 때 다른 친구 식구들과 저녁을 함께 먹고 산책을 나갔을 때였다. 아이들 대여섯 명, 어른들과 개까지 대가족이었다. 밤 아홉 시쯤이라 바람이 아주 찼다. 어른들은 그냥 걸었지만 아이들은 모여서 탐사 놀이를 한다며 즐거워했다. 준겸이도 타고 있던 유모차에서 내려 형과 누나들을 쫓아갔다. 세 살짜리 걸음으로 형 누나들을 쫓아가려니 발이 바삐 움직였다. 산책로가 끝날 무렵 아이들은 걸음을 멈추고 서 있었다. 준겸이도 멈춰 서서 숨을 크게 쉬고 있었다. 한참을 뛰었으니 숨이 가쁠 수밖에 없다.

"바람을 먹어요."

갑자기 준겸이가 한 말이다. 나와 집사람은 놀라서 준겸이를 바라보았다. 뛰고 나서 숨을 들이마시니 바람이 입속으로 들어오는 느낌이 들었나 보다.

"바람이 무슨 맛이야?"

"맛이 없어, 추워."

집사람의 질문에 "맛은 없고 추워."라고 대답했다. 찬바람을 먹는다는 표현이 참으로 시적이었다.

사실 어릴수록 가르쳐 주지 않아도 시다운 표현을 많이 한다. 그러다 나이가 들수록 이런 직관과 본성의 언어를 잃어버린다. 새롭게 가르치는 일보다 본래 가지고 있는 직관과 본성을 잃지 않도록 도와주는 일이 훨씬 중요하다. 이오덕 선생님의 '어린이는 모두 시인이다.'라는 말이 떠오른다.

10월 22일(수) 그냥 넘겨

책장을 넘기다
이해되지 않는 부분이 있으면
그냥 넘겨라.
굳이 해석하여 알려고 하지 말고
내 마음 가는 대로 그냥 갈 일이다.

한참 넘기다

앞에서 나온 이야기와 그림
절로 알 때가 많으니
급하게 달려들다
알 것도 모르게 된다.

아이들도 마찬가지
3월
재가 왜 저럴까
그냥 넘겨
넘기면 알게 된다.

시간이 지나
조금씩 알게 되면
어느 순간
아 그랬었구나.
깨닫게 된다.

그냥 넘겨
모르면 알려 하지 마라.
그대로 보아
받아들이면 될 일이다.

오늘 현장 학습으로 같은 학년 전체가 용인 민속촌에 다녀왔다. 외줄타기 하는 모습이 생생하다. 엉덩이가 그렇게 아름다울 수 없었다. 엉덩이와 부채에 의지하여 생강생강 외줄을 타는 모습에 입을 벌리며 박수를 칠 수밖에 없었다. 연속되는 동작을 보며 한 동작 한 동작이 어쩌면 그렇게 잘 넘어가는지 감탄했다. 한 동작을 그렇게 자연스럽게 넘기기까지는 쉼 없는 연습과 피땀이 있었을 것이다. 많이 바라지 말고 조금씩 쌓아 가며 피땀을 흘릴 일이다. 해가 반짝 떴다 찬바람이 쉥 몰려오는 가운데 외줄은 흔들리고 있었다.

10월 27일(월) 가을이라!

지난 토요일 종합 학습의 날로 홍유릉에 갔다. 전날 같은 학년 선생님들끼리 연구실에 모여 토요일 활동에 대한 이야기를 나누었다. 기본 수업안은 3월에 짜냈지만 세세한 부분을 논의했다. 즐거운 생활 만들기와 슬기로운 생활 분류를 목표로 했다. 나뭇잎을 주워 모자 꾸미기와 나뭇잎을 색, 크기, 모양별로 주워 와서 모둠끼리 4절지에 붙였다. 모자 꾸미기는 금요일에 미리 준비해 놓았다. 두꺼운 도화지를 오려 머리 크기에 맞게 동그랗게 만든다. 색연필로 그림을 그려 넣는다. 양면테이프를 둘레에 붙여 놓는다. 이렇게 만들어서 사물함에 넣었다. 토요일 날 쓰고 홍유릉으로 갔다. 양면테이프 껍데기를 떼어 내고 그곳에 나뭇잎을 주워 붙였다. 제법 인디언 같기도 하고 숲 속 사냥꾼 같기도 했다. 재미있는지 아이들은 교실에 올 때까지 쓰고 다녔다. 교실에 와서는 주워 온 나뭇잎을 4절지에 분류하여 붙였다. 교실 뒤에 나뭇잎들이 붙어 있다. 가을이다.

오늘은 밖에 나가서 또 나뭇잎을 가져왔다. 까만 도화지 반 크기에 한두 장의 나뭇잎을 붙였다. 노란 종이도 잘라 주었다. 까만색 바탕에 노란 종이, 나뭇잎 한두 장을 잘 배치한 다음 시를 썼다.

낙엽

나뭇잎은 봄에 태어나
여름엔 장가가고
가을엔 늙고
겨울엔 죽는다. (이재우)

나뭇잎

나뭇잎은 좋겠다.
엄마 품에서 사니까.(심준기)

나뭇잎

나뭇잎은 비가 오면 꼭

나뭇잎이 우는 거 같다.
비가 그치면
엄마 아빠들이 내려와서
울지 말라고 하는 말.(장수지)

은행나무

은행 열매는 에구 똥 냄새
은행잎은 사과 냄새
은행나무 냄새는
사과 냄새 똥 냄새 섞여
음식물 찌꺼기 냄새.(황재희)

내가 찾은 보물

11월 4일(화) 자유로운 상상의 체험

그림 동화를 읽다 보면 상상력 그 자체에 감탄을 하는 경우가 있다. 무슨 전략이 필요하며 무엇을 가르치는가? 자유로운 상상, 그 자체를 체험하는 것만으로도 행복하다.

1. 《언제라도 만날 수 있어요.》(기쿠타 마리코, 베틀북)

   단순한 그림 속에 주인을 잃은 강아지의 마음이 서정적으로 잘 나타나 있다.

2. 《수리수리 없어져라, 초록 괴물!》(에드 엠벌리, 한국프뢰벨)

   초록 괴물이 생겼다 없어질 때 아이의 심리 상태를 입체적으로 잘 나타냈다. 밤에 초록 괴물의 눈, 코, 입, 귀 등이 생겼다 다시 차례로 없어져서 어둠이 된다.

3. 《좋아질 것 같아》(이모토 요코, 문학동네어린이)

   빨간 당근 먹고 똥을 눈 달팽이, 당근 잎사귀 먹고 초록 똥을 눈 달팽이가 너무 귀여워.

4. 《노란 우산》(류재수, 재미마주)

   그림만으로 비 오는 날 아이들이 우산 쓰고 학교 가는 모습을 아름다운 색의 조화로 나타냈다.

이런 책들을 아이들에게 그냥 읽어 주었다. 아이들은 한 장면 한 장면을 넘길 때마다 감탄사를 내뱉었다. 네 가지 동화를 차례차례 들려주고 그중 기억에 남는 장면을 그리게 했다. 그런 다음 하고 싶은 말을 적어 보라고 했다.

달팽이 두 마리가 당근을 먹지요.
달팽이야 당근을 먹어 봐.(문혜진)

달팽이는 요술쟁이 달팽이는 이빨이 없는데 왜 어떻게 먹을까?
나는 달팽이가 요술쟁이라고 생각한다.(홍아름)

미키가 보고 싶어
나의 주인 미키
미키랑 놀고 싶어
내 친구 미키.(한주은)

미키야! 돌아와!(남상희)

시로가 울어요.(손아영)

초록 괴물이 나타나서 마음을 다 삼켰다.(이준우)

내가 만든 초록 괴물이 꼭 무서워서 애들이 좋아하는 거 같다. 그리고 별명은 깜짝 괴물이다.(박영규)

점점 생기는 눈, 코, 입, 이빨, 귀, 머리
점점 없어지는 눈, 코, 입, 이빨, 귀, 머리
괴물 얼굴은 이렇게 생겼네.(심은지)

우산들이 점점 생기네
이런 노래도 있었는데
빨간 우산, 파란 우산, 찢어진 우산
점점 많아지네
100개가 넘을까?(박창균)

11월 6일(목) 힘 빼!

화요일 오후에는 우리 학교 유치원에서 학부모 연수를 한다고 하여 이야기를 하러 갔다. 그림 동화를 매개로 아이들과 부모가 만날 수 있는 이야기를 했다.

수요일 오후에는 서울 국어 교과 사무실에서 달마다 모이는 창작 모임을 했다. 최소 한 달에 한 편은 써야 한다는 생각으로 전날 새벽 세 시까지 동화를 쓰느라 늦게 잠이 들었다.

동화를 그렇게 잘 쓰려고 노력하여도 그냥 머리만으로 안 된다. 평소 살아가면서 작은 일들을 볼 수 있어야 한다. 작은 소재가 큰 이야기를 만든다. 지나치게 할 일이 많아지거나 너무 완전성을 추

구하면 오히려 글을 못 쓴다. 너무 잘 쓰려는 욕심, 너무 잘 가르치려는 욕심이 일을 그르치는 경우가 많다.

지난 한 학기 동안 왜 글을 잘 못 썼을까? 그것은 내 마음속에 뭔가 자만심이 있어서다. 자만심은 욕심과 완전성을 요구한다. 좀 더 잘해야 하는데 이 정도 가지고 될까? 머릿속에서만 맴돌고 실천은 하지 않는다. 직접 쓰면 된다. 좀 못 쓰더라도 쓰고 싶은 이야기를 하면 된다. 잘하겠다는 생각에서 벗어나야 한다. 그냥 처음처럼 열심히 살고, 하고 싶은 이야기를 하는 그 과정 자체에 머무르면 된다.

욕심이 많으면 몸에 힘이 들어간다. 욕심을 버리고 완전성을 버리면 힘이 빠진다. 바닥에 찰싹 달라붙어 겸손하게 가야 한다.

요즘 학교에서 오후에 틈나는 대로 배드민턴을 친다. 어깨에 힘이 들어가면 정작 셔틀콕을 맞추는 순간에는 힘이 없어 맘껏 날려 보내지 못한다. 몸에 힘을 빼면 뺄수록 정작 맞추는 순간에는 힘이 생긴다.

힘을 빼면 처음에 하려는 것보다 훨씬 많은 가능성을 볼 수 있다. 자유로울 수 있다.

11월 9일(일) 내가 찾은 보물

2학기 들어 학교 도서관에 갔다 우연히 〈금붕어 두 마리와 아빠를 바꾼 날〉을 읽고 충격을 받은 적이 있다. 대학교 1학년 때 이오덕 선생님의《삶을 가꾸는 글쓰기 교육》을 보았을 때 충격만큼이나 컸다.

오늘 또 하나의 보석을 발견했다. 편해문 선생님이 엮은 옛 아이들 노래 1, 2권이 그것이다.《동무 동무 씨동무》,《가자 가자 감나무》다. 도서관에서 2권을 읽으며 참 재미있다는 생각을 했다. 좋은 옛이야기를 접할 때 마음과 비슷했다.

시는 옛 아이들 노래를 먼저 공부해야 한다. 동화는 옛이야기를 먼저 공부해야 한다. 그 전부터 듣던 이야기지만 몸으로 느낀 것은 요즘이다.

이 두 권이 보물처럼 느껴진 것은 오늘이다. 사실 글로 읽을 때는 그런 정도인지 몰랐다. 오늘 저녁 우연히 책 뒤에 붙어 있는 시디를 컴퓨터에 넣고 틀어서 세 살 준겸이와 함께 보며 들었다. 아기자기한 상상력, 동물과 대화하기, 삶에서 나온 다채로운 형용어, 노래 속에 녹아 있는 즐거움과 아픔, 놀이와 노래의 어울림 등 자연스러우면서도 깊은 맛이 있었다.

무엇보다 느려서 좋다. 한 학기 동안 백창우 님이 다듬고 엮은 전래 동요를 우리 반 아이들에게 들려주었는데 이것과 다른 담백한 맛이 있다. 느리게 움직이는 화면, 토속적인 그림, 어린이의 단순한 움직임, 아이의 생생한 읊조림, 아이들이 놀 때 부르는 라이브 음이 좋았다.

나와 준겸이는 너무 좋아서 두 번을 되풀이해서 들었다. 세 살 준겸이도 화면에서 눈을 떼지 못했다. 어깨와 손을 흔들어 가며 들었다. 쏙 빠져들어 있었다.

어린이시와 동시*를 읽고 있다. 올 1월 겨울 방학부터 시 공부가 이어지고 있다. 이제 좀 알 듯 말 듯하다. 늘 국어 수업하면서 다른 시 단원이 나오면 갑갑했다. 우리 반 아이들이 시 쓴 것을 보면 글에 마음은 드러났는데 시다운 리듬이나 운율이 보이지 않았다. 운율을 보이는 시는 내용이 약하다. 내 자신의 가르침에도 뭔가 문제가 있었다. 요즘 들어 조금 시를 알 것도 같다.

무작정 도서관에서 시집을 빌려 읽었다. 마음에 드는 시집은 인터넷으로 신청하여 샀다. 그동안 가지고 있던 시집도 다시 읽었다.

《귀뚜라미와 나와》(겨레아동문학회, 보리)

《엄마야 누나야》(겨레아동문학회, 보리)

《콩, 너는 죽었다》(김용택 엮음, 실천문학사)

《감자꽃》(권태응, 창비)

《김용택 선생님과 함께 읽는 우리나라 좋은 동시 1》(김용택 엮음, 현대문학북스)

《학교야, 공 차자》(김용택 엮음, 보림)

《시 꾸러미》(정의행 엮음, 일과놀이)

《달팽이는 지가 집이다》(김용택 엮음, 푸른숲주니어)

《개구리 울던 마을》(이오덕, 창비)

《너를 부른다》(이원수, 창비)

《할아버지 요강》(임길택, 보리)

《거미줄로 돌돌돌》(김용택, 파랑새어린이)

《동무 동무 씨동무》(편해문, 창비)

《가자 가자 감나무》(편해문, 창비)

지금까지 읽은 어떤 시보다 좋았다. 시는 나름대로 자기 색깔이 있지만 먼저 옛 아이들이 부른 노래를 들어야 할 것 같다. 특히 어릴수록 이런 노래를 듣고 자라야 할 것 같다. 더 나아가 놀이 속에 변형하여 활용하면 좋을 듯하다. 내일부터 아이들에게 노래를 복사해 주고 함께 불러 보아야겠다. 또 옛 아이들 노래에 우리 아이들 삶을 창조적으로 담을 만한 전략도 생각해 봐야겠다.

구꾸구꾸 구꾸구꾸
계집 죽어 상처하고
자식 죽어 애통하고
물가 논은 수해 나고
뒷골 밭은 산태 나고
구꾸구꾸 구꾸구꾸
집도 없고 절도 없고
구꾸구꾸 구꾸구꾸
통솥 밥은 누가 짓고
대접 사발 누가 씻소
구꾸구꾸 구꾸구꾸
서답 빨래 누가 하고
나 혼자서 어째 살꼬
구꾸구꾸 구꾸구꾸

* 어린이시와 동시 : 이오덕 선생님이 나눈 것으로, 어린이시는 어린이가 쓰고 어린이가 읽지만 동시는 어른이 쓰고 어린이가 읽는다. 쓰는 사람이 다르다

팔월 추석 성묘 날은
무엇 팔아 성묘 할꼬
구꾸구꾸 구꾸구꾸

비둘기 울음을 흉내 내며 부른 아이들 노래가 가장 기억에 남는다. 요즘 아이들은 아픔을 어떻게 풀고 있을까? 선생님, 부모님, 친구들, 친척도 해결하지 못하는 아픔을 가진 아이들은 어떻게 마음을 달랠까? 이런 노래에 자기 마음을 실어 보면 어떨까?

달 | 김용택

누나
올
추석에
꼭
와.

별 | 김용택

엄마
나
이제
말 잘 들을게요.

김용택 선생님 동시도 함께 떠올랐다.

11월 13일(목) 기능주의를 경계해야

우리 교과 모임에서 시를 아이들과 함께 공부할 방법들을 고민하는 수업안들과 전략들이 자꾸 나와서 참으로 행복하다. 지난번에 김선정 선생님이 해 온 수수께끼형 전략이 아주 돋보였다. 우리 반에서도 해 보았는데 저학년이라 그런지 제목 맞추는 과정 그 자체는 좋았지만 자기가 정해서 쓰는 과정은 그 전에 하던 시 활동보다 훨씬 못했다. 말 그대로 수수께끼를 만드는 일에만 너무 열중하여 시다움이 약했다. 왜 그럴까 곰곰이 생각하게 되었다.

일단 김선정 선생님 전략은 좋다. 하지만 학년의 차이도 있을 듯하고, 김선정 선생님 만큼의 고민 없이 쉽게 도입한 내 안의 편의주의도 작용한 것 같았다. 스스로 고민하고 도입한 교사와 그냥 따라한 교사의 차이일 수도 있다.

윤승용 선생님의 '대상에게 말 걸기'도 좋은 전략을 찾는 씨앗이지만 단지 말을 건다는 전략에 치우친다면 기능주의로 흐를 가능성이 있다. 우리가 교과서 동시 수업의 전략에서 경계했던 일 아닌가? 글쓰기회에서 나온 이론에서도 이 부분을 제일 경계하고 있다. 우리 모임은 아이들의 감성, 솔직함, 감동, 즐거움을 자연스럽게 높이기 위하여 전략을 고민하는 것이다. 말 걸기 그 자체보다 "어떤 체험 활동을 줄 것인가?", "어떻게 감성을 불러일으킬 것인가?" 등도 함께 고민하면 좋겠다. 말 걸기라도 어떤 체험을 가지고 말을 걸 것인가가 중요할 것 같다.

난 요즘 편해문 선생님이 쓴《동무 동무 씨동무》,《가자 가자 감나무》를 되풀이해서 읽고 있다. 여기에 보면 아이들 옛 노래를 분류한 기준이 나온다. 전략도 많이 숨어 있다. 중요한 것은 그 시 속에는 아이들의 놀이, 노래, 풍자, 해학, 말놀이 등과 같은 전략도 있지만 삶이 녹아 있다는 것이다.

학교 컴퓨터가 망가져서 편해문 선생님의 시디를 들려주지 못해 아쉬움은 있지만 한편으론 잘 되었다는 생각도 든다. 느리게 시를 다시 읽으며 곰곰이 생각하는 넉넉함이 필요하다. 너무 조급하면 수업만 보이고 아이들이 안 보인다.

아이들에게 좋은 시를 맛보게 하는 것만으로도 일단 성공이라는 느긋함을 갖자. 자칫 그냥 시를 들려주는 것보다 못한 결과가 될 수도 있다. 깊이 고민하되 느긋하게 가자. 곧장 가지 말고 돌아서 가자. 차근차근 실천하자.

시는
놀이요
곡선이다.

11월 17일(월) 형식을 갖고 놀자

지난 토요일과 일요일에는 식구들과 부산에 다녀왔다. 교과 모임 후배 결혼식이라 가야 했는데 가는 김에 식구들도 함께 갔다. 막내아들이 배를 타고 싶다고 하여 지난번에 남이섬에 갔었는데 이번 기회에 바다의 배를 태워 주고 싶었다. 세 살이면 한참 말을 배울 때다.

토요일 오후 세 시, 서울역에서 새마을호 기차를 탔다. 네 시간 반이 지루할 수도 있지만 막내에게는 큰 경험이다. 요즘 탈 것에 관심이 많다. 자동차, 버스, 트럭, 배, 비행기, 구급차, 경찰차 등 수 없이 많다. 자동차에 관한 그림 역사책도 자기 나름의 해석을 하며 본다.

저녁에 부산에 도착하여 함께 회를 먹고 광안대교 야경을 보았다. 굉장히 컸다. 후배들과 새벽까지 해물 안주에 술도 한잔했다. 다음 날 아침 광안리 앞에서 콩나물 해장국을 먹고 바로 해운대로 갔다. 오륙도를 돌아오는 유람선을 탔다. 한 시간 정도 걸렸다. 배가 출발하기 전 바다에 떠 있는 갈매기들이 마치 인형들을 띄워 놓은 듯했다. 부산 사는 후배가 가르쳐 준 대로 새우깡 두 봉지를 사 가지고 탔다. 배가 출발하자 갈매기들이 배 바로 옆에 와서 먹이를 달라고 아우성이었다. 그렇게 가까이서 갈매기를 보기는 처음이다. 배와 속도를 맞추어 날고 있었다. 쭉 뻗은 다리, 살짝 움직이며 멈추다시피 한 날개가 인상적이었다. 아이들과 함께 새우깡을 던져 주었다. 아이도 참으로 신기해 했다. 오륙도, 동백섬, 바다, 하늘, 갈매기, 모두 새로웠다.

오후에는 결혼식을 보고 서울로 오는 관광버스를 탔다. 여덟 시간 만에 집에 왔다. 정말 지루했다. 힘들긴 했지만 후배 결혼식 보고 아이들에게 바다와 배를 체험하게 해 주어서 기분이 좋았다.

지난 주 토요일 옛 노래 한 가지를 나누어 주고 과제를 냈다. 형식을 이용하여 내용을 바꾸는 것이다. 일단 아이들과 함께 감상을 하고 같이 바꾸어 보았다.

여보게 영감 장사하러 가세
힘들어서 못 가네
힘들면 비타민
비타민은 새콤해
새콤하면 새콤달콤
새콤달콤은 사탕
사탕은 충치
충치는 시컴해
시컴하면 밤
밤은 맛있어
맛있으면 자장면
자장면은 밀가루
밀가루는 하얗지
하야면 눈
눈은 반짝반짝
반짝이는 별
별 만지러 가자

빛나리(빛나리는 나를 놀리는 말)

손으로 장단을 치며 부르니까 아이들이 무척 좋아했다. 오늘 해 온 과제를 보니 재미있는 글이 많았다.

여보게 친구 나무하러 가세
다리 아퍼 못 가네
다리 아픔 파스
파스는 네모네
네모나면 과자
과자는 맛있어
맛있으면 과일
과일은 상큼해
상큼하면 레몬
레몬은 동그래
동그라면 돈까스
돈까스는 똥글해
똥글하면 빵
빵은 폭신해
폭신하면 침대
침대는 넓어
넓으면 땅
땅은 딱딱해
딱딱하면 돌(심은지)

11월 19일(수) 나만의 조커

지난주에 〈조커〉라는 동화를 읽어 주고 아이들에게 자기만의 조커를 만들어 보라고 하였다. 필요할 때 쓸 수 있는 조커는 듣기만 해도 매력이 있다. 생활에서 일종의 풀림의 역할도 할 수 있을 것 같았다. 내가 들어줄 수 있는 범위 내에서 조커를 만들어 내면 한 달에 한 번에 한해서 사용할 수 있다고 했다. 걷어서 사인을 해 주었다. 아이들이 낸 조커에는 날마다 체육하기, 맨날 돈 주기 등도 있었지만 딱 한 번밖에 사용할 수 없다는 설명을 했다.

이번 주 월요일부터 시작했다. 어저께는 창주와 아영이가 함께 조커를 내밀었다. 내용을 보니 '춤추고 싶을 때 춤추기'와 '창주 춤추는 거 보여 주기'였다. 창주는 개그맨 같다. 역할극 할 때도 우리 반 모두를 웃긴다. 그래서 창주보고 나와 춤을 추어 보라고 했다. 음악도 없이 교실 앞을 왔다 갔다 하며 춤을 추었다. 남자아이들 몇 명도 나와서 춤을 추었다. 개다리춤, 하늘 찌르기, 엉덩이 흔들기 등 자기들 맘껏 흔들었다. 모두 웃었다.

오늘은 4교시 끝날 즈음 민정이가 조커를 내밀었다. '맨날 4교시에 체육하기'였다. 그래서 오늘은 안 되고 내일 4교시에 체육을 하기로 했다. 즐거운 생활 시간을 끌어서 사용할 생각이다. 조커는 아이들에게 윤활유 같은 역할을 한다. 나에겐 자칫 지루할 수 있는 시간에 즐거움을 준다. 다음 달에도 한 번 더 만들어 볼 작정이다.

국어 시간에는 넷째 마당인 시 읽고 제목을 상상하여 맞추는 내용이 나왔다. 다음 차시는 이야기 읽고 느낌 말하기다. 시 읽고 제목 맞추기와 옛이야기(《은혜 갚은 두꺼비》를 읽어 주었음) 읽고 느낌 적기를 했다. 이어서 추상화를 그린 다음 제목 붙이기를 해 보았다. 12월에 그동안 쓴 시를 모아 시집도 내고 시화전도 할 생각이다. 마무리 잔치 때 전시도 하고 낭송도 하면 좋을 듯했다. 제목 맞추기와 더불어 액자 만들기를 한번 해 보기로 했다. 활동 순서는 다음과 같다.

1. A4 종이를 나누어 준다.
2. A4 종이 가로선에 위아래로 각각 점 두 개씩 찍는다.
3. A4 종이 세로선에 양쪽 모두 각각 점 세 개씩 찍는다.
4. 점과 점을 연결하여 선을 긋는다. 직선, 곡선 모두 가능하다.
5. 만들어진 도형 안에 색연필로 색칠한다.
6. 까만 도화지를 반으로 접는다.
7. 다시 펼쳐서 가운데 선을 중심으로 한쪽만 다시 반으로 접는다.
8. 접힌 쪽을 옆으로 돌려 가위로 네모 모양으로 자른다. 그래서 양쪽을 합치면 잘리지 않은 쪽은 액자의 속이 되고 네모 모양으로 잘린 쪽은 액자 모양이 된다.
9. 앞에서 색칠한 A4 종이를 액자 속에 넣고 이리저리 돌아다니다 뭔가 떠오르면 멈춘다.
10. A4 종이를 가위로 까만 도화지 액자 속에 들어가도록 자른다.
11. 자른 A4 종이를 까만 도화지 사이에 풀로 붙인다.
12. 까만 도화지 윗부분에 자기가 정한 제목을 쓴다.
13. 액자를 걸어 전시한다.

완성하는 대로 교실 뒤편에 바로 붙여 주었다. 작품 전시회 같았다. 아이들이 붙인 제목을 보니 정말 그럴듯했다. 제목만 소개한다. 알록달록 무늬, 삼 별, 아름다운 오징어, 색깔 별, 피카소, 지도, 달팽이 별, 조각, 알록달록 방, 색깔 나라, 화산 조각, 나의 꿈, 변신, 외계인, 농구공 등이다.

11월 21일(금) 어디까지 왔니?

슬기로운 생활 시간에 가을 과일 관찰하기가 있었다. 아이들이 준비물로 요즘 나오는 과일을 가져왔다. 색, 맛, 모양, 손 느낌 등을 체험하고 공책에 적었다. 국어 쓰기 시간에는 넷째 마당인 느낌을 글로 쓰기가 나와서 슬기로운 생활과 통합하여 수업을 했다. 관찰한 내용을 바탕으로 느낌 적기를 했다. 교과서에는 이가 빠졌을 때의 느낌을 쓰기로 되어 있었다. 편해문 선생님이 엮은《동무 동무 씨동무》,《가자 가자 감나무》를 들은 다음 옛 노래 형식을 이용하는 아이들이 많았다. 그 사이 〈영감 나무하러 가세〉와 〈어디까지 왔니?〉를 복사해서 나누어 주고 함께 부르기도 하고 놀이도 했다. 4교시에는 나가서 '어디까지 왔니?' 놀이를 했다. 사실 이 시간은 내일 있을 재량 시간을 가져왔다. 우리 반 민정이가 이틀 전에 내민 조커에 4교시에 나가서 체육하기가 있었다. 그런데 당일 날은 너무 늦어서 못했고 어제는 비가 와서 나갈 수 없었다. 오늘 나가서 '어디까지 왔니?'와 달리기를 했다.

대추는 깔대기

대추는 대추는 깔대기
왜냐면
구멍이 뚫려서
깔대기(홍아름)

과일 나라

과일은 맛있어
파인애플은 꺼칠하고
감은 꼭지가 뾰족하다.(신효수)

사과

사과는 달콤하고
빨간 우리 사과
둥근 모양이 꼭
우리 아기 보는 것 같다.
우리 사과 우리 애기(장예진)

감 귤 사과

내가 좋아하는
감 귤 사과
귤을 먹으면
아이셔!
사과를 먹으면
새콤해!
감을 먹으면
너무 달다!
정말 맛있는 과일.(김세린)

감

감은 좋겠다.
비 때문에 씻어지니까.(전민규)

과일

귤은 물렁
사과와 배는
딱딱(민윤식)

과일

과일은 맛있고 둥글고
또 갖고 놀 수도 있다.
과일은 재밌다.(나세현)

사과

딱딱한 사과 빨간 사과
바삭한 맛 너무 맛있네
사과는 꿀맛이네.(심은지)

과일

과일들아
무럭무럭 자라서
내 몸에 들어와.(이미나)

귤

귤은 시다.

시면 레몬

레몬은 맛있어.(김민정)

빨간 사과

빨간 사과

아주 달콤하고 맛있어

한 번 먹으면

죽을 거 같이 맛있다.(이준우)

배

배는 달어

달면 식혜(박창균)

귤과 사과

귤아

사과야

너희는 친구니?

친구면 같이 다녀야 되지 않아?

나는 친구가 아니라고 생각해.

왜냐면

귤은 말랑말랑하고

사과는 튼튼하잖아.

귤은 여자

사과는 남자.(손아영)

체육을 하고 들어와서 급식을 하려 하는데 두 명이 또 조커를 내밀었다. 장규빈의 조커는 '밥 많이 먹기'였다. 아이들이 좋아하는 반찬이 나오면 줄을 서서 골고루 나누어 먹는다. 오늘은 규빈이가 먹고 싶은 만큼 실컷 먹으라고 했다. 나중에 물어보니 네 번을 먹었다고 했다.

여한솔이 내민 조커는 '옛이야기 책 빌릴 수 있는 조커'였다. 현암사에서 나온《우리 옛이야기 백 가지》를 시간 날 때마다 한 편씩 읽어 주는데 이 책을 빌리고 싶다는 것이다. 책 앞장에 97년 7월 28일로 적혀 있으니 벌써 만 6년이 넘은 책이다. 집에 가지 않고 컴퓨터 방과 후 활동 기다리는 시간에 교실에서 옛이야기 책을 읽는 한솔이가 이뻤다.

11월 24일(월) 구꾸구꾸 구꾸구꾸

구꾸구꾸 구꾸구꾸
계집 죽어 상처하고
자식 죽어 애통하고
물가 논은 수해 나고
뒷골 밭은 산태 나고
구꾸구꾸 구꾸구꾸
집도 없고 절도 없고
구꾸구꾸 구꾸구꾸
통솥 밥은 누가 짓고
대접 사발 누가 씻노
구꾸구꾸 구꾸구꾸
서답 빨래 누가 하고
나 혼자서 어째 살꼬
구꾸구꾸 구꾸구꾸
팔월 추석 성묘 날은
무엇 팔아 성묘할꼬
구꾸구꾸 구꾸구꾸

《동무 동무 씨동무》 154쪽에 있는 옛 노래다. 아이들에게 복사해서 나누어 주었다. 어려운 말은 풀어서 설명해 주었다.

비, 달, 별, 새, 곤충, 심지어 친구들 소리까지 자기 마음 상태에 따라 다르게 보이지 않을까? 슬플 때는 더욱 슬프게, 기쁠 때는 더욱 기쁘게 느낀다. 슬픔과 기쁨을 비둘기 소리에 실어 나타낸 이 노래는 너무 슬프다. 그나마 노래라도 부를 수 있는 이 아이는 맺힌 것이 조금은 풀렸을지도 모른다. 맺힌 것을 풀 줄 모르는 요즘 아이들은 이상한 쪽으로 맺힌 것을 풀곤 한다.

아이들과 이야기를 나눈 다음 시디로 소리를 들으며 함께 불러 보았다. 그리고 자기가 힘들 때, 기쁠 때, 좋을 때, 새로울 때를 생각하여 글을 써 보라고 했다. 역시 학원 이야기, 가정 이야기, 공부 이야기가 많았다.

구꾸구꾸 구꾸구꾸
나는 학원 가기 싫은데도
엄만 계속 학원 가라고
구꾸구꾸 구꾸구꾸
공부 학원 가기 싫어
구꾸구꾸 구꾸구꾸.

슬픈 날
구꾸구꾸 구꾸구꾸
엄마 아빠 싸워
말도 안 해
구꾸구꾸 구꾸구꾸
아빠는 엄마만 보네
구꾸구꾸 구꾸구꾸
엄마는 화가 났네

구꾸구꾸 구꾸구꾸
너무 시끄럽네
구꾸구꾸 구꾸구꾸
오빠와 나는 엄마 아빠 싸우는 걸 말리네
구꾸구꾸 구꾸구꾸.

구꾸구꾸 구꾸구꾸
핸드폰 비 우리가 안 썼는데
구꾸구꾸 구꾸구꾸
40만 원 넘네
구꾸구꾸 구꾸구꾸
카드 빚 100만 원 넘는대
구꾸구꾸 구꾸구꾸.

구꾸구꾸 구꾸구꾸
누가 우리 형을 말리노
누가 나를 위로하노
구꾸구꾸
나를 귀찮게 더 이상 하지 마라
구꾸구꾸
누가 나를 위로하나
누가 나를 사랑하나
구꾸구꾸.

구꾸구꾸 구꾸구꾸
컴퓨터 하는데 끄라 하고
컴퓨터 끄는데 자라 하고
구꾸구꾸 구꾸구꾸
강아지 못 키우게 하는데
나는 키우고 싶고
구꾸구꾸 구꾸구꾸.

자기 마음을 다양한 형식으로 담아내는 공부도 필요하다. 다음엔 부엉이 소리를 흉내 내며 자기 마음을 담아낸 옛 노래를 들려주어야겠다.

11월 26일(수) 떡 해 먹자 부형

국어 읽기 넷째 마당에 시를 읽고 생각이나 느낌 말하기가 나왔다. 교과서에 나온 토끼 타령을 감상하고 바로 옛 노래 〈떡 해 먹자 부형〉을 함께 읽어 보고 느낌도 이야기했다. 손으로 박자를 쳐 가며 시디에서 나오는 노랫말을 따라 불렀다. 여자 남자 나누어서도 해 보았다. 두 편으로 나눠 말을 주고받는 것도 재미있어 했다. 의자를 넣고 모두 의자 뒤에 앉았다 자기 차례가 되면 일어서며 말하는 것도 재미있어 했다.

떡 해 먹자 부헝
양식 없다 보항
꿔다 하지 부헝
언제 갚을래 보항
가을 갚지 부헝
어찌 갚을래 보항
걱정 마라 부헝
내일 모레 장이다
솥 씻어 놓고 기다려라.

여기서 부엉이 소리를 부헝과 보항으로 나누어 이야기 나누듯이 표현한 점, 왜 부엉이와 이야기를 나누었을까? 노래한 아이는 어떤 상황이었을까? 등의 질문을 하여 시를 깊이 이해한다.

감상한 다음 자기가 바라는 내용을 가지고 써 보라고 했다. 요즘 우리 반 아이들은 딱지치기를 한다. 지난주까지만 해도 와리가리가 유행이었는데 이전부터는 딱지치기다. 그래서인지 딱지치기에 대한 글이 많이 나왔다. 새로운 형식을 찾은 아이도 꽤 있었다.

딱지

딱지 하자 부헝
딱지 없다 보항
꿔다 하자 부헝

이제 하자 보항

시작한다 부헝

가위바위보하자 보항

이겼다 부헝

땄다 보항(정원석)

딱지 하자 부헝

딱지 하자 부헝

딱지 없다 보항

딱지 사라 부헝

돈이 없다 보항

그러면은 부헝

어쩌라고 보항

신문지 잘라서 부헝

어떻게 보항

만들어라 부헝

다 만들었다 보항

나랑 할래 부헝

안 할랜다 보항

삐졌다 부헝(이준우)

딱지 하자 딱

딱지 하자 딱

딱지 없다 딱

친구한테 빌려라 딱

친구 없다 딱

없으면 사라 딱

돈 없다 딱

엄마한테 달라고 하라 딱!(박영규)

책

책 보자 짹짹

책 없다 한솔

빌려 읽자 짹짹

친구 없다 한솔

저기 가자 짹짹

저기서 뭐하게 한솔

빌려 읽게 짹짹

나는 싫다 한솔

그냥 가자 짹짹

그래도 싫다 한솔(여한솔)

11월 28일(금) 딱지 치기

요즘 우리 반 아이들은 딱지 치기와 동아리 연습에 빠져 있다. 아침 자습 시간, 쉬는 시간만 되면 여자들은 동아리 연습, 남자 아이들은 딱지 치기에 빠져든다. 지지난 주까지 남자들은 '와리가리'란 놀이에 빠져 있었다. 놀이도 돈다.

잘 놀아서인지 2학기 들어서 심하게 싸우는 아이들이 줄었다. 이 기회를 놓치지 않고 '딱지 치기'와 '동아리 연습'을 글감으로 주고 글쓰기를 했다. 마지막 시간이어서 이름을 쓰지 않은 아이들이 많았다.

딱지 하기

나는 오늘 친구랑 딱지를 했다.
느낌은 딱지를 칠 때 나를 치는 것 같았다.(박민)

딱지

딱지는 왜 이렇게 안 따지는 걸까?
사서 하면 또 다 먹히고
만들어서 하면
애들 따먹이는 걸
나는 왜 할까?(유지훈)

냄새 나 코딱지

엄마 100원 주세요.
딱지 사게요.
무슨 딱지.
코딱지요.
에구 더러워라 으메
코딱지야 온 세상 사람들과 옹기종기 붙으며 살아라
아이고 꼬랑내(천재범)

딱지

딱지
넘어가라 이얏!
와 넘어갔다
이제 이거 내 거
한 판 더 이얏
또 땄다. 또 내 거(이재우)

딱지

딱지 딱지 개딱지

딱지 두 방 짜리는
파워가 세고
한 방 짜리는
약하다.(정원석)

딱지

딱지는 코딱지도 된다.
그리고
두 방도 된다.(민윤식)

〈구꾸구꾸 구꾸구꾸〉, 〈부헝 보항〉 같은 옛 노래처럼 대화로 글을 쓴 아이도 있고, 코딱지를 연상하며 말놀이를 하는 아이도 있고, 집에서 오빠가 자기는 빼고 동생하고만 했다는 생활 이야기까지 참 다양한 글들이 나와서 좋았다. 공부의 결과는 차곡차곡 쌓였다가 자기가 쓰고 싶은 우연한 기회를 맞이할 때 나오나 보다.

다음엔 놀이하며 뭔가 잘 이루어지지 않을 때, 자기의 바람을 노래한 시를 감상해 봐야겠다. 《동무 동무 씨동무》 145, 146쪽에 이런 노래가 나온다.

집에 가면 맞을까?
홍두깨로 맞을까?
부지깽이로 맞을까?

어릴 적 엄마한테 혼날 것 뻔히 알면서도 놀다 늦었을 때 집에 들어가며 얼마나 조마조마했던지. 그때 마음을 달래는 노래가 아닐까? 이런 노래를 부르며 들어가면 두려움이 조금 가실 것이다.

쏙쏙 빠져라 쏙쏙 빠져라
네 발 밑에
들기름 참기름 발랐다.

이 또한 얼마나 아이 마음을 잘 드러낸 노래며 시인가? 나물 캘 때 뿌리가 깊어 빠지지 않을 때 부른 노래라고 한다. 이보다 아이 마음을 잘 표현할 수 있을까? 안 빠지는 뿌리를 뽑으며 부른 노래이다. 우리 아이들 삶은 곧 놀이다. 삶을 놀이처럼 못하는 현실이 슬프다. 놀이에서, 삶에서 이런 어려움이 있을 때 어떤 노래를 부를 것인가? 아이들과 이야기를 나누어 보아야겠다.

겨울

난 아이들의 자발성을 믿는다

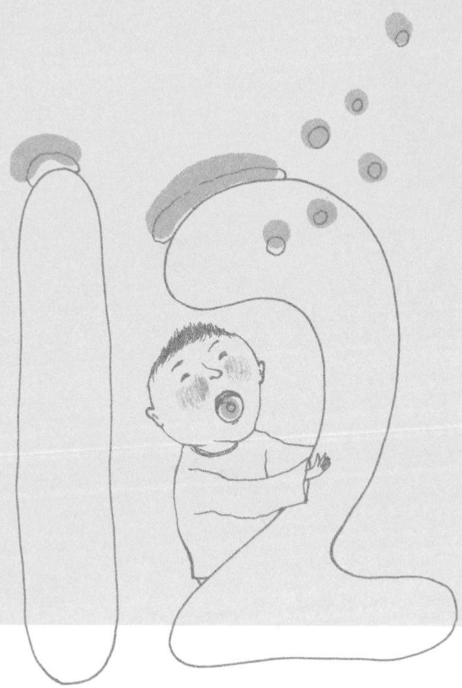

12월 5일(금) 온몸을 던진다는 것이

달마다 마지막 주가 되면 잠을 잘 못 잔다. 한 달에 한 편 동화를 써서 창작 모임에 나간다. 남한산학교에 가서부터 지난 9월 이전까지는 동화를 거의 못 썼다. 처음엔 바빠서 그랬다. 올해 다시 쓰려고 하니 잘 안 되었다.

왜 안 되었을까, 가만히 생각해 보니 너무 완전하게 쓰려는 욕심 때문이었다. 들은 이야기도 많고 동화 작가라는 의식이 나도 모르게 생겼나 보다. 다시 처음으로 되돌아가야 한다는 생각이 들었다. '늘 처음처럼'이란 말을 몸으로 깨달을 수 있었다. 내가 처음 동화를 쓸 때 완전성 때문에 쓴 것이 아니었다. 하고 싶은 말을 전하고 싶어서 글을 썼다. 써 간 동화로 서로 이야기 나누는 가운데 나도 모르게 괜찮은 동화가 나온 것이다. 그래서 9월부터는 이때 한 것처럼 한 달에 한 편의 동화를 써서 함께 이야기 나누는 것에 충실하기로 했다. 그렇다고 의무감이 아니라 동화 쓰는 그 자체에 빠져들어 기쁘게 쓰고 싶다.

한 달 동안 아이들 이야기를 머리 한쪽에 계속 달고 다닌다. 지난달은 신발 주머니 찾는 과정이 계속 머릿속에 있었다. 이번 달은 우유 귀신이 그랬다. 이렇게 고민을 하다 마지막 주가 되면 3, 4일 동안 동화를 직접 쓴다. 그러면 밤을 새게 된다. 다시 읽어 보고 고친다. 힘들지만 이야기 그 자체에 빠져드는 재미도 있다.

지난 일요일부터 어저께 모임까지 다른 일이 손에 잡히질 않았다. 이렇게 고민하고 가서 다른 사람들의 이야기를 들으면 약이 된다. 대충 모임에 나가면 해 주는 이야기도 별 도움이 안 된다.

내가 고민한 만큼, 정성 들인 만큼 받아들인다.

모임 끝나고 〈문제아〉를 쓴 동화 작가 박기범 씨가 이라크 파병 반대를 위해 13일째 단식을 하고 있는 혜화 전철역 앞에 갔다. 박기범 씨는 미국과 이라크 전쟁이 일어나기 직전, 평화단으로 이라크에 직접 갔다 온 사람이다. 내가 아는 문학 홈페이지에 들어가면 '박기범 이라크 통신'이니 '소망의 나무'니 하는 자리가 마련되어 있다. 난 사실 시끄럽게 드러나는 것을 별로 믿지 않는다. 요즘 단식, 삭발, 데모, 자기주장이 얼마나 많은가? 그래서인지 진실을 찾아내기가 더 쉽지 않다.

혜화역 한 귀퉁이.
포장마차로 둘러싸여 잘 보이지도 않는 곳에서
아무 상관없이 지나가는 사람들에게
서명을 받고
노래를 부르고
단식을 하는 아주 작은 모습이 있었다.
오히려 작게 외롭게 진실을 이야기하는 모습이 좋다.

옆에서 쭈뼛쭈뼛 서 있다 박기범 씨 얼굴을 보았다. 몸은 마르고 힘은 없어 보였지만 해맑은 웃음이 있었다. 편안하고 넉넉한 표정이 참으로 다행스러웠다. 한두 사람이 동의를 하더라도 진실은 끝내 전해진다. 온몸을 넌셔 이라크 평화를 바라는 그 마음이면 된다. 함께 뒷정리를 했다.

난 평화로운가?

우린 어떻게 평화로울 수 있을까?

12월 6일(토) 마지막 생일잔치

올해 마지막 생일잔치와 한솥밥 먹기를 했다. 11, 12, 1, 2월 네 달 생일인 아이가 아홉 명이나 되었다. 원래 11월 생일잔치인데 지난 주 토요일 종합 학습의 날 때문에 뒤로 밀렸다. 12월은 성적 처리와 마무리 때문에 바쁠 것 같고, 1월은 방학이고, 2월은 4일밖에 학교에 나오지 않는다. 어쩔 수 없이 네 달 생일을 한꺼번에 했다. 자기 생일잔치가 빠지면 너무 서운해 한다.

어제 저녁 엘지백화점 서점에 들러 내가 쓴 동화책 아홉 권을 샀다. 아침에 간단히 '생일 축하한다'는 말을 적어 주었다. 셋째 시간에는 아이들을 업어 주었다. 우리 반 '뚱땡이 투'도 생일이다. 40킬로그램 정도 나간다고 했다. 확실히 업고 일어설 때 묵직했다. 생일 축하 노래도 부르고 〈오줌싸개 똥싸개〉 노래를 생일인 아이들이 불렀다. 넷째 시간에는 한솥밥 먹기를 했다. 이번에는 어머니들이 따뜻한 밥을 싸 와서 아이들에게 나누어 주었다. 아이들을 생각하는 그런 마음이 중요하다.

국어 시간에 '흔들개비'가 나왔다. 과일, 동물 같은 모양을 만든 다음 그 속에 글과 그림을 넣어 모빌처럼 전시하는 것이다. 우리 반은 시와 그림으로 했다. 글감은 자유롭게 정했다. 모양은 눈사람, 나뭇잎, 나무, 낙엽, 과일, 물방울, 하트, 장갑 등이 나왔다.

모양을 만들 때 원석이가 뒤에 있는 왁스 통을 종이에 대고 동그라미 본을 떴다. 다른 아이들도 재미있는지 너도 나도 왁스 통을 이용했다. 나중에는 두세 명이 줄을 서서 기다렸다. 왁스 통을 이용하는 아이들이 참 재미있게 보였다. 바닥에 왁스 칠 할 때 쓴 왁스 통을 수업 시간에 이용하다니. 그 큰 통을.

왁스 통

동그라미 그리기
본뜬다 왁스 통
너도나도 왁스 통
줄 서는 왁스 통(김영주)

배

배를 보면
주근깨
주근깨는 깨 같다.(전민규)

눈 와라

눈 와라

눈 와라

눈사람 만들기

봄 되면 없어지고

겨울 되면 생기고

와라 와라 눈!(나세현)

춥다

춥다

날씨는 춥다

겨울 내내 춥다

난 손이 시려우면

잠바 주머니에

손을 넣고 다닌다.(김민정)

남은 시간에 아이들에게 12월 '나만의 조커'를 만들어 내라고 하였다. 저마다의 바람이 들어간 다채로운 조커가 나왔다.

겨울 방학 늘어나는 조커

급식 당번 하는 조커

딱지 많이 하는 조커

선생님 차 타기 조커

혼날 때 혼나지 않는 조커

공부 안 하고 노는 조커

창주 춤추는 조커

체육하는 조커

동아리 발표하는 조커

겨울 방학 숙제 대신 우리한테 시 많이 주는 조커

한 시간 동안 노는 조커

지난달에는 '뭐 뭐 안 하기' 조커가 많았는데 이번에는 '하기' 조커도 많이 늘어났다. 다 읽어 본 다음 내가 해 줄 수 없는 것이 아니라면 들어줄 생각이다. 사인을 해서 월요일 날 나누어 주면 12월 한 달 동안에 한 번 사용할 수 있다.

흔들개비,
왁스 통,
나만의 조커,
아홉 명 업어 주기,
따뜻한 한솥밥,

인상 깊은 하루.

12월 8일(월) 첫눈

아침에 일어나 보니 눈이 내리고 있었다. 눈을 감상하기보다 출근할 일을 걱정하였다. 한두 시간 만에 겨우 학교에 왔다.

내가 없는 동안 아이들은 이미 눈싸움도 하고 앞뒤 건물 사이 언덕에서 썰매를 타고 있었다. 쓰레기장에서 종이 상자를 주워 썰매를 직접 만들어 타고 있었다. 이미 아이들은 눈과 놀고 있었다.

오늘 즐거운 생활 수업 활동으로 연날리기가 두 시간 있었다. 연에 실을 달아 나가서 날렸다. 실을 제대로 준비하지 못해 높이 날지는 않았지만 모두 신나 했다. 2학년 아이들이 한꺼번에 나온 데다 다른 학년 아이들까지 있어서 서로 부딪히는 경우도 있었다. 우리 반 한 아이는 다른 아이와 부딪혀서 입술이 터졌다. 결국 어머니가 오셔서 병원으로 갔다. 사고 날까 봐 쉽게 놀지도 못한다. 언제 맘껏 뛰어놀 공간이 생길까?

들어와서 첫눈과 연에 관한 글을 썼다. 요즘 들어 글을 잘 못 쓰던 아이들이 열심히 시를 써서 낸다. 정말 자기가 하고 싶어서 하는 것 같다. 글씨는 많이 틀렸지만 내용은 좋아 보였다. 글을 잘 몰라 거의 써서 내지 않던 아이들이 요즘 좋은 글을 많이 써서 낸다.

연

내가 나가서 연을 날렸는데
내가 연을 타고 온 세상을 보는 것 같았다.(박예찬)

연

연아 넌 왜 힘들게 하였니?
넌 친구들도 괴롭히고
또 줄을 엉키게 했니?
다음부터는 그러지 마.(이미나)

첫눈

눈이 펑펑
"야호, 신난다!"
눈싸움을 하면
"아이 차가워."
꼬마 눈사람을 만들면
"아이구 망했다."
썰매를 타면
"으악! 넘어진다."
눈이 오면 재밌다.(신효수)

연

연아 연아 날아라

멀리 멀리 바다까지

날아라 날아라

더 더 멀리

연

연아 연아

날아라

멀리 멀리 날아라

가다 가다

멈추고

뛰어가면

나는 연(민윤식)

12월 10일(수) 시 낭송회, 시집 발간

올해 2학년 백합반 아이들을 맡은 지 벌써 1년이 되어 간다. 12월은 1년을 마무리하는 달이다. 마지막 생일잔치와 한솥밥 먹기를 끝냈다. 이제 남은 것은 해마다 하는 마무리 잔치다. 이번에는 어떻게 할까 고민하고 있다. 마무리는 한 해 아이들의 성장 과정이

드러나게 하고 싶었다. 1학기에는 달마다 했던 동아리 활동을 중심으로 발표를 했다. 2학기 마무리 잔치는 시 낭송회를 계획하고 있다. 올해 가장 중점을 둔 것이 시 공부였다.

어린이가 쓰는 시는 어른들의 시처럼 보면 안 된다. 자연스런 표현의 한 양식일 뿐이다. 자기 삶을 표현하는 미술, 음악, 몸짓, 연극, 문학 가운데 하나이다. 다양하게 표현된 작품들 가운데 함께 나누고 싶은 시를 모았다. 모아진 시를 '백합 쪽지글'이란 형태로 발간해 왔다. 기본 글쓰기 공부가 끝나고 1학기 5월 말부터 시작했다. 리듬과 운율을 익히기 위해 백창우 님이 엮은 전래 동요, 이원수 시에 붙인 동요, 편해문 선생님이 엮은 《가자 가자 감나무》, 《동무 동무 씨동무》를 활용했다. 글감 찾기를 위해 윤동주, 김용택 선생님의 시를 감상했고, 어린이시로는 글쓰기회에서 나온 글과 김용택 선생님 반에서 나온 시들을 감상했다. 이 과정에서 한 장면 찾기, 제목 붙이기, 자연물 관찰하기, 옛이야기 들려주기, 자연 선 찾아 시 쓰기, 사건 끼워 넣기, 낱말 공부, 코에 대고 손거울 보기 등의 활동이 생겼다. 아이들에게 글감 찾기를 가르치려고 평소에 생활하면서 특별한 체험이 있을 때 바로 글쓰기를 했다. 신체검사, 둘리 무용, 동아리 연습, 그림자극, 인형극, 노래극, 운동회, 첫눈, 눈썰매, 추위 등의 글감을 그때그때 주고 썼다. 이렇게 나온 '백합 쪽지글'을 9호까지 만들었다. 12월에 10호를 만든 다음 마무리할 작정이다.

그동안 만들었던 문집처럼 하되 시집 형태로 문집을 만들기로 하고, 첫 작업을 시작했다. 쪽지글에서 좋은 시를 다시 뽑아 한 사람에 한 편에서 세 편까지 시화를 만들었다. 시집 맨 뒤에 쪽지

글이 다 들어가지만 시화는 또 다른 느낌이다. 아이들이 낸 시화를 보고 내일 다시 몇 편 보충할 생각이다. 이렇게 만들어진 자료로 '2학년 백합 어린이 시 모음'을 내고, 마무리 잔치 때 한 편씩 시 낭송회를 하려고 한다. 시 낭송회는 처음 해 보기 때문에 지루하지 않을까? 아이들이 끝까지 들어줄까? 등이 걱정이지만 일단 실천하고자 한다.

1. 아이들과 간단하게 팸플릿 형태의 시 낭송회 소개장을 만든다.
2. 어린이 시집을 마무리 잔치 이전에 발간하여 나누어 준다.
3. 학부모들이 참여한 가운데 낭송회를 갖는다.
4. 시화를 실물 화상기에 놓고 자기 시를 낭송한다.
5. 처음과 끝에 즐거운 노래를 함께 부른다.
6. 낭송할 때는 핀 마이크를 이용한다.
7. 분위기를 차분하게 할 방법을 고민한다.
8. 교실에는 아이들이 만든 시화를 전시한다.

대강 이런 정도의 고민을 하며 실천하고 있다. 어린이 시집 원고를 이번 주까지 끝내고 다음 주에는 인쇄소에 맡겨야 한다. '백합 쪽지글 10호'도 이번 주에 발간해야 같이 마무리할 수 있다. 진행하면서 더 좋은 방법들을 생각해 봐야겠다.

시 낭송회.
시화 전시.
잘 되어야 할 터인데.

12월 17일(수) 개인 상담을 통한 마무리

12월은 1년을 마무리하는 기간이다. 마무리 잔치 준비는 거의 끝나 간다. 시 낭송회를 위한 초대장 만들기, 낭송시 쓰기, 실물 화상기에 올려놓을 그림 그리기, 시집 원고 완성하여 인쇄소에 넘기기 등이 끝났다. 이제 시 낭송 연습하기와 시 낭송회 전날 교실 꾸미기만 하면 된다.

학년을 올려 보내며 아이들 개인과 이야기 나누는 시간을 가질 생각이다. 공부가 뭔지 잘 모르는 2학년 아이들이지만 그래도 나와 아이 단둘이 머리를 마주 대고 앉아 차분히 이야기 나누는 시간이 필요하다. 지금까지는 전체 행사나 교과 안에서 학급을 가꾸는 노력을 해 왔다.

공부 방법, 친구 관계, 방학 동안에 할 일, 부모님과 학원 문제 등에 대해서 그냥 이야기를 나누어 볼 생각이다. 별 성과가 없을지라도 한 번쯤 아이 개인과 이야기 나누는 그 자체만으로도 의미는 있다.

오늘 눈이 좀 오자 아이들은 그늘지고 언덕진 곳을 찾아 나갔다. 쉬는 시간만 되면 썰매를 타느라 정신을 못 차린다. 늦게 들어오면 시간 맞춰 들어오라고 이야기는 하지만 이렇게 놀고 온 아이들의 밝은 표정을 보면 참 잘 논다는 생각이 든다. 신나게 뛰노는 아이들 얼굴이 가장 해맑다.

12월 19일(금) 시 낭송 연습

자기가 낭송할 시를 써서 3일째 낭송 연습을 했다. 한 명씩 자기가 쓴 시를 들고 나와서 낭송을 했다. 첫날은 나와서 인사하고 제목 읽고, 자기 이름 발표하고, 시를 낭송하고 인사를 하는 차례와 자세에 대해 공부했다. 둘째 날은 리듬과 분위기를 살려 시를 낭송하는 연습을 했다. 오늘은 알맞은 목소리 크기, 대화체 실감나게 낭송하기, 리듬 있게 읽기 등을 공부했다. 또박또박 분위기를 살려 읽고 나면 아이들이 저절로 박수를 친다. 자기들이 듣기에도 잘한 것과 못한 것에 대한 느낌이 있나 보다. 사실 시들은 다 좋다. 1년 동안 쓴 시 가운데 자기가 골랐으니 느낌이 없는 글은 없다. 연습을 통해 자신 있게 바른 자세로 분위기 살려 낭송하기를 배우는 것이다.

한 명씩 나와서 다 발표하고 났을 때, 시를 외워서 하면 안 되냐고 묻는 아이가 있었다. 물론 된다고 했다. 다 눈을 감게 한 다음 자기 시를 외운 사람들을 시켜 보았다. 놀랍게도 거의 모든 아이들이 자기 시를 외우고 있었다. 물론 짧은 시도 있고 긴 시도 있지만 모든 아이들이 자기 시를 외우고 있는 것에 놀랐다. 그렇다면 굳이 자기가 써 놓은 종이를 보고 낭송하지 않아도 될 것 같다. 혹시 모르니까 쓴 시를 들고 나가서 잊어버리면 보라고 이야기했다.

자기가 쓴 시를 외워서 낭송하는 과정이 참 좋다. 이젠 분위기를 좀 더 살려 시 낭송에 폭 빠져 보는 체험이 필요하다. 지난번 연구 수업 때도 그랬지만, 그렇게 떠들던 아이들이 한 명도 한눈

팔지 않고 수업에 집중했던 일에 우리반 아이들 모두 놀란 적이 있다. 아이들 일기에 그때처럼 수업하면 좋겠다는 이야기도 나온다. 한 번의 경험이지만 나름대로 아이들 마음속에 크게 자리 잡은 듯 했다. 이번 시 낭송도 부모님들 앞에서 정말 멋지게 치르면 아이들 마음에 좋은 추억으로 자리 잡을 것이라 믿는다.

사실 낭송하는 사람보다 듣는 아이들이 더 문제다. 낭송한 시를 들으며 시 쓴 사람의 마음을 이해하는 과정이 살아나야 한다. 처음엔 시끄러운 아이들을 혼내기도 하고, 벌을 세우기도 했다. 남의 시를 듣지 않으면 전체에게 피해를 준다. 시 내용이 들을 만한 것이라면 무조건 떠들며 방해하는 아이는 할 수 없이 통제를 한다. 조용한 가운데 들으면 아이들이 잘 듣고 박수를 친다.

남의 시를 듣고 마음을 열어 시를 받아들이는 과정을 공부하는 것이 남아 있는 셈이다.

12월 20일(토) 드디어 문집 나오다

오늘 4교시 끝날 무렵 어머니들이 문집을 찾아왔다. 1년 동안 아이들과 부대끼며 공부한 과정이 나타난 결과물이다. 추운 날씨에 문집을 들고 오느라 고생하신 어머니들 얼굴도 환했다. 월요일 아침에 아이들에게 나누어 주고 함께 감상해 보아야겠다. 또 다음 주 토요일로 잡아 놓은 시 낭송회 마무리 작업을 해야겠다.

오늘도 시 낭송 연습을 했는데 제법 아이들이 꼬마 시인처럼 낭송을 한다. 자기 시를 모든 아이들이 다 외워 낭송을 한다. 특히 옛 노래를 활용하여 쓴 시에는 듣는 전체 아이들이 장단을 맞추어 준다. 뒷말이 "부헝"으로 끝나는 시에서 "부헝"은 전체 아이들이 따라한다. 끝말이 "딱"으로 끝나는 준우 시 〈딱지치기〉를 낭송할 때도 "딱" 소리를 함께 내며 장단을 맞추는 모습이 정겹다. 아이들도 내심 기대를 많이 하고 있다. 시 낭송 자료를 컴퓨터로 쳐서 당일 나누어 줄 자료와 시화를 실물 화상기에 올려놓고 낭송하는 연습이 남았다.

어제 저녁에는 문화관광부 문화예술교육 문학분과 소위원회 2차 회의에 다녀왔다. 기능과 예술가 중심의 교육에서 문화 예술을 즐기고 느낄 수 있는 교육으로 전환하는 데 초점을 맞추고 있다. 우리 아이들이 만들어 낸 시집도 이런 초점과 다르지 않다. 큰 틀에서 고민하는 셈이다. 회의 끝나고 저녁에는 잠깐 우리교육 출판사의 어린이 서적 100권 발간과 10주년을 기념하는 행사 뒷풀이에 갔다. 김경자 님 초청 강좌는 듣지 못하고 뒤풀이 시간에 잠깐 들른 것이다. 《우리교육》이 처음 만들어질 때 《우리아이들》만큼이나 기쁜 마음으로 대해 왔다. 지금은 더욱 성장하여 선생님들과 교육에 큰 영향을 미치고 있다. 《우리교육》이 만들어질 때만 해도 정말 교사가 필요로 하는 초점을 잡아 주는 실천 자료와 이론을 볼 만한 교육 잡지가 없었다. 앞으로 더욱 좋은 내용으로 만나길 바라며, 교사들의 작은 실천이 《우리 교육》의 밑거름이 될 것이다.

어제 오늘 내내 한 획으로 머릿속에 떠오르는 것이 '몸'이었다. 요즘 어딜 가나 몸에 관한 철학, 사회학, 문학 이야기를 듣게 된다.

여기서도 마찬가지였다. 화학 비료 없는 우리 농산물과 음식(주로 발효 음식)이 우리 몸에 미치는 영향, 인스턴트 식품이 우리 몸에 미치는 영향 등이 나왔다. 그렇다면 현재 우리 몸은 뭔가 안 좋은 먹거리로 인해 부자연스러운 것이다. 시 쓰기도 몸의 자연스러운 표현을 배우는 것이다. 우리교육 출판사의 동화 발간 10주년 행사도 그런 것이다. 아이들 몸(정신, 육체)에 폭 안길 수 있는 좋은 작품을 만들려는 노력의 결과물들이 아닌가? 문광부 문화예술교육 또한 몸의 자연스런 풀림(즐거움)을 주는 기획에 관한 공부다.

흐르는 물, 겨울 산, 눈, 나뭇잎, 새싹, 하늘, 구름, 바람은 자연스럽다. 우리 몸도 자연스러워야 한다. 뭔가 막히면 병에 걸린다. 자연도 강제로 막으면 병에 걸린다. 우리 아이들은 병에 더 민감하다.

예술,
어린이 시집,
우리 농산물 급식 조례,
우리 교육 동화,
그리고
자연,
몸.

12월 26일(금) 내일이면 시 낭송회다

어린이 시집을 함께 보고 몇 차례 자기 시를 가지고 다양한 방법으로 시화를 만들었다. 국어 시간에 문집 만들기와 자기 글 묶는 내용이 나와 연결시키기도 좋았다. 교실 뒷면과 복도 창문에 아이들 시화를 전시했다. 오늘은 마지막 점검을 하며 준비를 마쳤다.

1. 내일 시 낭송회 안내장을 만들었다. '2학년 백합반 시화 전시 및 시 낭송회'라는 제목으로 여는 시, 자작시 낭송, 동아리 발표, 닫는 시 순으로 간단히 만들었다.
2. 학부모님들이 오셔서 교실 청소를 깨끗하게 해 주었다.
3. 아이들 시화를 복도에 전시하였다.
4. 아이들과 '2 백 합 시 낭 송 회'란 글자를 A4 용지에 써서 꾸민 다음 칠판에 붙였다.
5. 재우 어머님이 시 낭송회 때 틀 잔잔한 음악을 시디에 복사해 오셔서 시와 맞추어 보았다.
6. 실물 화상기에 올린 시에 맞는 그림을 완성하여 컴퓨터 화면에 띄우고 마지막 연습을 했다.
7. 아이들이 간 뒤 과학실에서 조명을 찾아왔다. 스탠드 조명이지만 그런 대로 분위기를 살릴 수 있을 것 같았다. 커튼을 치고 불을 끈 다음 조명을 켜 보았다. 분위기가 괜찮았다.
8. 내일은 2학년 난초반 정지원 선생님에게 교사용 마이크만 빌려 오면 된다. 아이들이 마이크를 이용하면 조금 소란스럽더라도 집중할 수 있고, 시 낭송 분위기도 나올 듯했다.

내일 아이들에게 교실 꾸밀 준비와 단정한 옷차림을 하고 오라 했다. 부모님들에게는 이미 아이들이 만든 초대장이 나갔다. 1학기 마무리 잔치에도 거의 서른 분 정도가 오셨던 것 같다. 가운데 돗자리를 깔고 아이들이 앉은 다음 뒤에 아이들 의자를 놓고 부모님들이 앉으면 될 것 같다. 내일 잘 되어야 할 터인데.

12월 27일(토) 난 아이들의 자발성을 믿는다

아침부터 아이들은 들떠 있었다. 아이들은 교실을 꾸미느라 바빴다. 풍선을 달고, 크리스마스 트리에 다는 전등줄을 칠판 아래에 붙이고 있었다. 복도 창가에 전시해 놓은 시화 가운데에도 풍선 꾸러미를 붙였다. 한껏 시 낭송회 분위기를 내고 있었다.

실물 화상기, 조명(스탠드 백열등이 축 늘어져서 좀 웃겼지만), 핀 마이크, 음악까지 준비는 끝났다. 2교시에 아이들과 연습을 해 보았다. 마흔네 명 아이들이 자기가 쓴 시를 낭송하는 것 자체가 의미가 있음을 잘 알고 있지만, 사실 좀 지루할까 걱정이었다. 보통 아이들은 지루하지만 의미가 있음을 나름대로 알고 있다. 몇몇 남자아이들이 지루함을 참지 못하고 방해를 할까 걱정을 많이 했다.

책상을 벽 쪽으로 붙이고 의자는 뒤쪽에 모아 놓았다. 가운데 아이들이 모여 앉았다. 부모님들은 의자에 앉아서 보았다. 여는 시 〈바람개비〉를 모두가 함께 낭송하며 시작을 했다. 내가 잔잔한 음악을 틀었다 소리를 점점 줄이면 인사를 하고 자기 시를 낭송했다. 좀 서툴러도 시 내용이 좋아 부모님들이 박수를 쳐 주었다. 지루할 즈음에는 아이들이 스스로 분위기를 살렸다. 재미있는 시가 나오면 아이들 모두가 따라하며 흥을 돋우었다. 몇몇 아이들이 떠들긴 했지만 재미있는 시가 나오면 자기들끼리 따라 낭송하며 분위기를 잡아 갔다. 한 명도 빠짐없이 자기 시를 외워서 낭송하는 모습이 아름다웠다. 난 자리에 앉아서 음악, 조명, 컴퓨터, 실물 화상기를 조작하며 흐뭇하게 바라보기만 했다.

지금도 믿겨지지 않지만 자기 시를 세 번 정도 낭송한 다음 한 명도 빠짐없이 외운 것이 놀랍다. 처음엔 낭송할 시를 종이에 써서 보고 연습을 했다. 연습을 세 번 정도 했더니 시를 다 외웠다고 했다. 한 명 한 명 시켜 보니 정말 다 외웠다. 또 다른 아이들 시를 들으며 맘에 드는 시 일곱 편은 줄줄 외워 함께 낭송했다. 기존 시인이나 다른 아이들 시도 들려주었지만 이렇게 자발적으로 시를 외우기는 처음이다.

자기들 시 낭송이 다 끝나자 나보고 시를 낭송하라고 난리였다. 문집에 유일하게 내가 쓴 동시가 한 편 있다. 수업 시간에 왁스 통을 이용하는 아이들 모습을 보고 쓴 시다. 갑자기 외우라고 하니 생각도 잘 안 났다. 그래서 얼른 문집을 펼쳐 보고 낭송했다. 시 낭송이 끝나고 대장금 리코더 연주와 쥬얼리의 노래에 맞춰 춤을 추는 동아리 발표가 있었다. 마지막으로 〈대추〉라는 아름이 시를 닫는 시로 모두가 낭송하며 끝을 맺었다.

보신 분들도 느꼈겠지만 시 속에는 아이들 삶이 담겨 있다. 좀 지루하면 변형과 창조를 통하여 새롭게 상황을 열어 가는 것이 아이들이다. 즐거움, 명랑함, 말놀이, 슬픔, 놀이 등이 담겨 있다.

동아리 중심의 마무리 잔치는 해마다 했지만 시 낭송회는 이번이 처음이었다. 자기 시, 자기 그림, 자기 낭송은 하나의 예술 과정이다. 예술은 특별한 사람들이 특별한 곳에서 하는 것이 아니다. 꼬마 시인들의 감성은 어른 시인의 감성 못지않다. 비교하는 것 자체가 무리다. 늘 아이들은 내가 가르치고 믿은 것 이상으로 더 많은 것을 배우며 스스로 성장한다. 뭔가 부족했다면 가르친 내 잘못이다. 방학 때와 내년 3학년이 되어서도 부모님들이 믿고 잘 키워 주었으면 좋겠다.

12월 29일(월) 그냥 이야기한 것만으로도

틈틈이 아이들과 이야기를 나눈다. 거창하게 상담이란 말을 쓰지 아니하여도, 그냥 이야기를 나눈 것만으로도 좋다. 모여 있을 때는 그렇게 까불고 장난을 쳐도 내 앞에 단둘이 앉았을 때는 2학년답지 않게 진지하다.

1년 동안 내가 느낀 점을 이야기하거나 겨울 방학과 3학년 되었을 때 어떻게 하면 좋을지에 대해 이야기한다. 자기 문제는 자기가 안다. 좋은 점과 자기가 생각할 때 고쳐야 할 점 등을 물어보았다. 스스로 자기 문제를 알고 있는 아이도 많다. 글씨를 잘 못 쓰는 아이, 책을 좀 더 읽어야 할 아이, 친구들과 더 신나게 놀아야 하는 아이, 부모님의 사랑이 더 필요한 아이 등 1년을 지내며 느낀 점이 많다. 3월을 생각해 보면 지금은 아이들 개인의 성향이나 가정 환경을 많이 아는 편이다. 안다고 무엇을 해 줄 수 있는 것은 아니지만 알게 되면 상처는 적어진다. 따뜻한 말 한마디와 자기를 이해해 주는 선생님의 몸짓이 믿음을 쌓는 것이다.

상담을 못한 아이들이 나는 언제 하냐고 물어본다. 사실 잠깐 이야기 나눈다고 별 뾰족한 수는 없지만 그래도 한 번쯤 1년을 마무리하는 이야기, 선생님과 학생 단둘이 나누는 자연스런 자리가 필요하다. 상시적으로 이루어지면 좋았겠지만 그렇게 하지 못했다. 전체를 대상으로 준비하고 계획하고 실천할 일만도 빡빡한 일정이었다.

난 문서상의 통지표보다 마무리 잔치할 때 아이들의 성장 모습, 아이들의 가정생활, 학교생활에 대해 서로 이야기 나누는 것이 훨씬 필요하다고 생각한다.

겨울 방학이 지나면 아이들은 쑥 커서 올 것이다. 3학년 때는 더 밝고 씩씩하게 자라길 바란다.

우직한 바보가 많아야

1월 13일(월) 다시 비움에 대하여

가평에서 열린 동화 창작 모임 '숲속나라' 연수도 있었고, 2박 3일간 충주 건대에서 참교육 실천 보고 대회도 있었다. 지난겨울에 이어 민겸이와 태릉으로 스케이트도 타러 다닌다.

그동안 여러 사람들을 만나면서 다시 깨달은 것은 자기를 비워야 한다는 것이다. 자기 생각에 대하여 철저하고 분명한 것은 좋지만 남에게 강요해서는 안 된다. 비워야 여러 사람들의 의견을 들을 수 있고 나만의 의견이 아닌 더 나은 길들을 찾아낼 수 있다.

자기주장이나 의견이 너무 강하여 다른 사람의 의견까지 무시하는 경우를 자주 본다. 어찌 보면 근대의 생활 방식이다. 우리가 언제 자유롭게 토론하는 문화를 가졌던가? 그저 가만히 있어 중간만 가는 것이 편하다든지, 아니면 의견들이 자유롭게 소통되지 않으니 강한 사람이 나타나 자기주장을 관철하는 문화에 익숙해져 있다. 따라오지 못하면 뒤처진 사람들을 탓하고, 힘으로 모든 것을 윽박지르듯 해결해 오지 않았나 싶다.

우리나라의 모든 분야에서 나타나는 문제일지도 모른다. 우리 집 막내가 읽는 그림 동화를 보아도 그렇다. 잘 나가다가도 끝내는 아이들을 가르치 려는 이야기로 끝난다. 그냥 그 이야기로 끝나도 훨씬 좋을 듯한데 거의 모든 동화들이 훈화에 뿌리를 두고 있다. 이 또한 위에서 말한 자기주장의 강함 때문이다. 자기를 비우면 아이들은 더 크게 깨닫는다. 혹시 못 알아들을까 봐, 가르치지 않으면 모를까 봐 노심초사한 흔적이 환하다.

모임의 지도자일수록 제일 늦게 오는 사람의 마음을 읽어야 한다. 그러려면 자기를 비울 줄 알아야 한다. 나 아니면 안 된다는 생각에서 벗어나야 한다. 밖의 문제도 중요하지만 지금은 내 안의 문제를 먼저 보아야 할 것 같다. 자성이 필요한 때다.

1월 17일(금) 자꾸 조급해질 때

전국국어교사모임과 함께 다음 주 수, 목, 금(1월 22, 23, 24일)에 대전 목원대에서 초등 국어 교과 모임 연수를 갖는다. 오늘 지역 교과 모임에서 전체 진행에 관한 논의를 했다. 전체 사회부터 강사 대접, 방 배정, 책 판매, 간식 준비, 사전 연락 등을 나누어 맡았다. 학급 운영 모임에서 교과 모임으로 전환한 지 3년째다. 나름대로 전국 초등 선생님들과 의견도 나누고, 연구 주제가 겹치는 일도 피하기 위해서 전국 단위 연수를 준비한 것이다.

내가 강사 교섭도 하고 총괄 진행을 하다 보니 몇 명이 참가할까에 너무 매이게 된다. '엔조이 스쿨' 국어과 신청란에 올라오는 신청자 수를 보며 왜 이렇게 신청을 안 하지 싶어 실망하기도 했다. 또 신청한 60여 분 선생님께 전화를 하다가, 어떤 일이 생겨서, 옆 선생님이 참가하려다 안 가서 못 간다는 이야기를 들을 때면 마음이 철렁 내려앉는다.

그러다 한편으로 이런 생각도 들었다. 첫술에 배부르랴. 어차피 난 두세 차례 전국 연수를 열어 주는 역할을 하려고 하지 않았던

가. 그 또한 욕심일 것이다. 몇 명이 참여하든 오신 선생님들과 뜻 깊은 시간을 가지면 된다. 자꾸 앞만 바라보다 지금의 행복을 놓치는 경우가 많다. 천천히 가야 한다. 욕심이 생기면 노력한 만큼 나온 결과도 제대로 보지 못한다. 자꾸 버려야 한다. 너무 깊이 생각하기보다 넓게 보는 안목이 필요할 때다.

자연을 보면 눈에 보이지 않는 작은 변화들이 모여 커다란 변화를 가져오지 않던가. 그 작은 변화는 눈에 잘 보이지 않으니 큰 변화만 보게 된다. 결과만 쫓게 된다. 아주 천천히 비우면서 가야겠다. 조급해질수록 뒤로 물러설 줄 알아야 한다. 그래야 마음이 편해지고 너그러워진다. 넓게 볼 수 있다.

1월 24일(금) 초등 교사의 정체성

1월 22일부터 24일까지 2박 3일간 대전 목원대에서 초등 국어 교과 연수가 있었다. 연수 준비 때문에 구리에서 아침 아홉 시에 떠났다. 대전 가까이 갔을 때부터 눈발이 날리기 시작하여 꽤 많은 눈이 내렸다. 강의를 하러 다니거나 연수를 다닌 적은 있어도 내가 주도하여 연수를 준비한 적은 처음이었다. 그래서인지 눈도 그냥 눈으로 보이지 않았다. '연수에 오시는 선생님들은 괜찮을까?', '혹시 인원이 줄진 않을까?' 걱정이 되었다.

50명 정도의 선생님들이 모였다. 이지호 교수님, 이중현 선생님,

이호백 사장님의 시, 동화, 그림 분석이 있었다. 나와 김정홍 선생님의 동화 활용 전략 연수도 있었다. 특강으로 조세희 작가님과 조동일 교수의 이야기가 있었다. '초등 국어 교육과 문학'이란 주제로 열린 연수는 그런 대로 잘 진행되었다.

작년 여름 연수 때 중등 강원 지역 교사 모임에서 주최한 연수에 우리 지역 초등 교과 모임이 참여한 적이 있었다. 연수를 듣고 나서 뭔가 집중되는 느낌, 고민을 많이 한 진행이라고 느껴 참 좋았다. 이번 연수도 선생님들에게 그렇게 느껴지길 바랐다.

연수 내내 초등 교사의 정체성에 대한 고민을 했다. 전 교과를 가르치는 것은 어찌 보면 한 교과에도 깊이가 없다는 소리일 수 있다. 인성 교육이니 생활 지도니 하는 이야기도 하지만 너무 폭넓은 이야기다. 그렇다면 우린 무엇인가? 대충 세 가지 분야에서 전문성을 가질 때 정체성을 얻을 수 있을 것 같다.

첫째, 학년 교육 과정 연구다. 같은 학년 선생님들끼리 모여서 학년 교육 과정을 스스로 짜고 실천하며 연수하는 것이다. 둘째, 한 교과를 꾸준히 연구하여 1학년부터 6학년까지 체계를 잡아 보는 것이다. 셋째, 주제 영역 연구다. 통일, 인권, 환경 등의 분야를 연구하여 학년 간 위계를 잡는 것이다.

초등 교사가 이 세 영역에 모두 전문성을 보일 순 없다. 하지만 어떤 한 영역에 대해서는 전문성을 보일 수 있어야 한다. 나머지 영역은 보통 수준에 머무를 수밖에 없다. 한 영역의 연구와 실천이 깊어지면 나머지 영역에도 전이됨을 난 알고 있다. 무엇보다 '나는 누구인가', '초등 교사는 무엇인가'라는 정체성과 갈 길을 알고 있을 때 행복해질 수 있다. 그러면 아이들도 행복하다. 한 교사가 모든 영역을 잘할 수는 없다. 하지만 스스로 즐거워 연구하는 분야가 있고 아이들과 만날 수 있다면 그것은 그대로 아이들에게 전해지리라 믿는다.

이런 취지에서 이번 연수도 기획된 것이다. 앞으로 모든 선생님이 한 영역씩 맡아 연구하고 함께 모여 연수를 한다면 그것 만큼 좋은 일이 없을 듯하다. 저마다 만들어진 교과 모임들이 모여 일주일간 교과 연합 연수회도 가지면 좋겠다. 중등 교과 모임에서는 한 교과 연수만 하지만 우린 전 교과 연수를 할 수 있다.

또 한 영역 안에서 유치원, 초등, 중등 교사들이 함께 연수를 하여 위계를 잡을 수 있다. 공동 연구와 실천, 연수가 가능한 것이다. 교사들 스스로 모여 유치원, 초등, 중등 각 교과의 대안 교과서도 만들 수 있다. 아주 먼 이야기 같지만 멀다고 가만히 있으면 아무것도 되지 않는다. 갈 길을 알고 조금씩 실천하다 보면 쌓이고 쌓여 끝내 이루어질 것이다.

작년 1학년을 맡으며 국어, 슬기로운 생활, 즐거운 생활, 바른 생활을 통합하여 수업하려고 무진 애를 썼다. 충주 건대에서 열린 '참교육 실천 대회' 때 서울 지역 선생님들이 공동으로 1학년 교육 과정을 연구하여 실천하는 발표 자료를 보고 무척 기뻤다. 당연히 개인이 연구하고 고민한 흔적보다 질이 높았다. 그리고 함께 연구하며 얼마나 행복했을까 하는 생각도 들었다. 혼자가 아니라 함께 가야 한다. 느린 것 같지만 가장 빠른 길이다.

난 힘이 없다. 다만 내 능력 안에서 초등 국어 교육에 관심 있는 선생님들과 홈페이지를 통해 이야기와 자료를 나누고, 소식지를 내고, 학기마다 연수를 가면 된다. 처음이라 쉬운 일은 아니지만 천천히 가 볼 작정이다. 언젠가 초등 교과 모임에서 만든 교과서가 여기저기서 나올 것이고 학교 중심, 교사 중심 교육 과정으로 가는 길을 열 것이다.

2월 4일(화) 우직한 바보가 많아야

방학 동안 한 일들을 잠깐 살펴보았다. 정말 바쁘게 보낸 시간이었다. 논산 동화 강좌 1일, 동화 모임 '숲속나라' 연수 2일, 참교육 실천 보고 대회 3일, 전국 초등 국어 교과 연수 3일, 가족 여행 3일, 앞으로 어린이 문학 연수 2일, 사이사이 지역 초등 교과 모임, 동화 창작 모임 참가 등 정말 바쁘지만 뜻깊은 시간들이었다. 오늘은 에버랜드에 가서 동물들을 보고 온양으로 내려가 하루 자고 백제 문화권을 돌아볼 생각이다. 민겸이, 준겸이, 집사람도 함께 간다.

올해 새로 할 일도 늘었다. 동화 창작 모임 진행, 전국 초등 국어 교과 모임 심부름꾼, 지역 교과 모임, 새로 옮기는 학교에서 아이들 만나기 등이다. 여러 가지 같지만 사실은 한 가지 일이다. 또 내가 행복해서 하는 일이다.

방학 동안의 그 모든 일이 내 자신의 모습을 찾아가는 과정이라는 생각이 점점 확실해졌다. 어제 학교에서 근무하며 동화에 관한 여러 평론을 찾아 읽었다. 그 가운데 이재복 선생님 말이 깊이 남았다. 동화에서 나오는 악역조차도 귀한 사람으로 보아야 한다는 말이었다. 흔히 동화 쓸 때 주인공 이외의 인물에게는 관심이 없다. 그 또한 똑같은 인물로 보아야 한다. 그러려면 마음을 비우고 인물과 작품을 대해야 한다. 내가 나서면 인물 스스로 살아가지 못하고 내가 조작한 인형 같은 인물이 나온다.

전교조 초등 위원회의 누리집에도 들어가 보았더니 아주 시끄러웠다. 물론 조직이 발전하는 과정이긴 하지만 지나친 면도 있었다. 그 또한 자기 정체성(자기 자리)을 찾아가는 길이었다. 주된 이야기는 초등 위원회와 초등 교과 모임과의 관계는 어떠해야 하는가였다. 지나치게 자기 생각을 강조하기보다 남의 이야기를 듣는 것이 먼저다. 자기 생각이 없어서 들어 주는 것은 아니다. 그만큼 들어 준다는 것은 아주 힘든 일이며 자기를 낮추는 일이다.

지금은 아주 똑똑한 사람보다 우직하게 자기 일을 해 나가며 남의 이야기를 들어 줄 줄 아는 사람이 필요하다. 똑똑하면 빠른 길을 택하고 현실 논리가 강하다. 바보들은 일보다 사람을 볼 줄 안다. 옛이야기에 등장하는, 바보 같지만 끝내는 새로운 세상을 여는 주인공들처럼 말이다.

2월 12일(수) 지금만 생각하련다

아무것도 없이 가련다.
따스한 날에도

나뭇가지에 앉아
자기 존재를 알리기도 전에
녹아 버리는 눈처럼

지금만 생각하련다.
과거는 과거대로 잊고
미래는 미래대로 그 누군가에게 맡기고
온갖 자동차들이 밟고 지나가도
묵묵히
아주 묵묵히
바닥에 착 깔려 있는 아스팔트처럼
시커먼 가슴을 그냥 묻어 두고

담배를 아무리 피워 물어도
가슴 한 구석에 덩어리 있는 것을
이제는
정말 이제는
묻어 두고
그냥 받아들이며
가련다
혼자 가련다.

칠흑 같은 어둠 속에서
밝은 달님

마음에 그리며

밤길을

혼자

걷는다.

멈출 수 있게 하여 주시옵소서.

아무리 가르칠 내용이 많아도
아이들이 물으면
차근차근 친절히 답할 수 있도록
제게
멈출 수 있는 힘을 주시옵소서.

아무리 바빠도
해맑게 웃으며 달려드는 아이들을
폭 안을 수 있도록
제게
멈출 수 있는 힘을 주시옵소서.

내가 편해지기 위해
전체 앞에서
한 아이를 비난하거나 칭찬하지 않도록
제게
멈출 수 있는 힘을 주시옵소서.

할 일이 많이 다가올수록
평화로운 마음으로
아이들 곁에 있을 수 있도록
제게
멈출 수 있는 힘을 주시옵소서.

그냥 한 점으로 살아
내가 보이지 않고
아이들이 늘 크게 보일 수 있도록
멈출 수 있는 힘을 주시옵소서.

제게.

그리하여

하늘
구름
바람
나무
땅 내음
새소리
아이들 속에
그냥 있게 하여 주시옵소서.

선생님, 나도 업어 주세요

지은이 | 김영주

1판 1쇄 발행일 2007년 3월 31일
개정판 1쇄 발행일 2012년 6월 18일

발행인 | 김학원
경영인 | 이상용
편집주간 | 위원석
편집장 | 정미영 최세정 황서현
기획 | 문성환 나희영 임은선 박민영 박상경 이현정 최윤영 조은화 전두현 정다이
디자인 | 김태형 유주현 구현석
마케팅 | 이한주 하석진 김창규 이선희
저자·독자 서비스 | 조다영 함주미(humanist@humanistbooks.com)
스캔·출력 | 이희수 com.
용지 | 화인페이퍼
인쇄 | 천일문화사
제본 | 정민제본

발행처 | (주)휴머니스트 출판그룹
출판등록 | 제313-2007-000007호(2007년 1월 5일)
주소 | (121-869) 서울시 마포구 연남동 564-40
전화 | 02-335-4422 팩스 | 02-334-3427
홈페이지 | www.humanistbooks.com

ISBN 978-89-5862-500-1 03800

만든 사람들

편집장 | 황서현
기획 | 문성환(msh2001@humanistbooks.com) 박민영
편집 | 이영란
표지 디자인 | 유주현
본문 디자인 | 반짝반짝
일러스트 | 이은희

• 이 도서의 국립중앙도서관 출판시도서목록(CIP)은 e-CIP홈페이지(http://www.nl.go.kr/ecip)와 국가자료공동목록시스템(http://www.nl.go.kr/kolisnet)에서 이용하실 수 있습니다.(CIP제어번호: CIP2012002307)